# EL LIBRO DE JOSUE

Explicado Verso por Verso

Por Esther Gonzalez
Pastora-Maestra

Copyright © 2012 Esther Gonzalez

All rights reserved.

ISBN-13: 978-1477502426
ISBN-10: 1477502424

# LA REVELACION EN EL LIBRO DE JOSUE

Este libro fue escrito por Josué y cubre un periodo de 25 años. Cuando Josué comenzó a dirigir al pueblo tenía 85 años. El salió de Egipto cuando tenía 40 años. Estuvo en el desierto sirviendo a Moisés 40 años, y dirigió al pueblo en Canaán 30 años. El vivió 110 años.

Capitulo #1

VERSOS 1-5

*Aconteció después de la muerte de Moisés siervo de Jehová, que Jehová habló a Josué hijo de Nun, servidor de Moisés, diciendo: Mi siervo Moisés ha muerto; ahora, pues, levántate y pasa este Jordán, tú todo este pueblo, a la tierra que yo les doy a los hijos de Israel.*

*"Yo os he entregado, como lo había dicho a Moisés, todo lugar que pisare la planta de vuestro pie. Desde el desierto y el Líbano hasta el gran río Eufrates, toda la tierra de los heteos hasta el gran mar donde se pone el sol, será vuestro territorio. Nadie os podrá hacer frente en todos los días de tu vida; como estuve con Moisés, estaré contigo; no te dejaré, ni te desampararé."*

Josué era de la tribu de Efraín. El había servido a Moisés por cuarenta años. Había sido el general de los ejércitos de Israel. El suyo era un espíritu guerrero, tenía madera de líder, sin embargo había sido un sumiso y fiel servidor de Moisés. El había sido instruido para el trabajo que iba a desempeñar.

Aunque Eleazar tenía el pectoral de juicio, a quien Josué debía consultar, esta vez le habló directamente a él. Dios le dio la orden de llevar al pueblo a la tierra de Canaán. Ya el Señor le había entregado todo lugar que pisare la planta de su pie. Desde el desierto hasta el Líbano, y desde el Eufrates al Mediterráneo era la tierra que le había dado el Señor. Esto se cumplió durante el reinado de Salomón. La promesa de Dios fue que no le desampararía ni le dejaría; que estaría con él como había estado con Moisés.

*Verso 6-7: "Esfuérzate y sé valiente; porque tú repartirás a este pueblo por heredad de la tierra a la cual juré a sus padres que le daría a ellos. Solamente esfuérzate y sé muy valiente, para cuidar de hacer conforme a toda la ley que mi siervo Moisés te mandó; no te apartes ni a diestra ni a siniestra, para que seas prosperado en todas las cosas que emprendas."*

Dios le está diciendo a Josué que debe esforzarse a ser valiente, a atreverse. El conocimiento de que Dios iba a estar con él como estuvo con Moisés, debía ser suficiente para darle el valor que necesitaba para tan grande empresa.

En cada uno de nosotros hay cierta medida de temor, porque somos humanos. Pero ese temor debe ser vencido por el conocimiento de la Palabra que declara que el Uno Mayor va dentro de nosotros, y él es mayor que el diablo y los demonios, y los problemas que hay en el mundo.

Para servirle al Señor hay que ser esforzado y valiente. Lo primero que tiene el creyente que librar es la batalla de sus sentidos y sus razonamientos. Los sentidos y los razonamientos se levantan como fortalezas opuestas a lo que dice Dios en la Palabra. ¿Qué hacer con el ídolo de nuestros razonamientos y sentidos? Llevarlos cautivos a la obediencia de Cristo, o de la Palabra. (2 Cor. 10: 3-4.)

Si Josué seguía al pie de la letra la palabra de Dios dada a Moisés, y no se apartaba en pos de sus razonamientos, sería prosperado en todo lo que emprendiera.

*Verso 8-9: " Nunca se apartará de tu boca este libro de la ley, sino que de día y de noche meditarás en él, para que guardes y hagas conforme a todo lo que en él está escrito; porque entonces harás prosperar tu camino, y todo te saldrá bien. Mira que te mando que seas valiente; no temas ni desmayes, porque Jehová estará contigo donde quiera que tú vayas."*

Esta era la regla que Josué debía seguir: El libro de la ley, nunca debía apartarse de él. Debía meditar en él de día y de noche, para cumplir todo lo que estaba escrito en él. Esta es la regla para una vida cristiana victoriosa. El creyente debe dedicar tiempo suficiente en el estudio de la Palabra con un maestro capacitado y con mente renovada. (no un religioso, ni fanático.)

Entonces debe tratar de obedecer las leyes del evangelio, no las ceremonias ni los ritos de Israel porque eso era para ellos exclusivamente. El creyente está bajo un nuevo pacto en la sangre de Cristo, establecido sobre mejores promesas. Por lo tanto debe familiarizarse con el Antiguo Testamento para ver a Cristo en los tipos de la ley, y estudiar el Nuevo Testamento para creer y hacer lo que se nos dice en él.

Al hacerlo, renovando nuestra mente con la meditación y la actuación en la Palabra, seremos lo suficientemente valientes para actuar en ella y derrotar nuestros razonamientos, las viejas ideas y temores que nos mantenían cautivos.

*Verso 10-11: "Y Josué mandó a los oficiales, diciendo: Pasad por en medio del campamento y mandad al pueblo, diciendo: Preparaos comida, porque dentro de tres días pasaréis el Jordán para entrar a poseer la tierra que Jehová vuestro Dios os da en posesión."*

Había pasado el luto de la muerte de Moisés. A los 33 días debían pasar el Jordán. Los oficiales debían anunciarlo a las tribus. Había llegado el momento tan esperado por todos ellos.

*Verso -12-15: "También habló Josué a los rubenitas y gaditas y a la media tribu de Manasés, diciendo: Acordaos de la palabra que Moisés, siervo de Jehová, os mandó, diciendo: Jehová vuestro Dios os ha dado reposo, y os ha dado esta tierra.*

*"Vuestras mujeres, vuestros niños y vuestros ganados quedarán en la tierra que Moisés os ha dado a este lado del Jordán; mas vosotros, todos los valientes y fuertes, pasaréis armados delante de vuestros hermanos, y les ayudaréis, hasta tanto que Jehová haya dado reposo a vuestros hermanos como a vosotros, y que ellos también posean la tierra que Jehová vuestro Dios les da; y después volveréis vosotros a la tierra de vuestra herencia, la cual Moisés, siervo de Jehová os ha dado, a este lado del Jordán, hacia donde nace el sol; y entraréis en posesión de ella."*

Josué, en el puesto de mando, le recuerda a las tribus de Rubén, Gad y la media tribu de Manasés, su compromiso con el Señor de no descansar hasta que hubieren ayudado a establecer el resto de las tribus en sus tierras en Canaán.

Todas las tribus le había ayudado a echar fuera a Sehón rey amorreo, y a Og rey de Basán, y a los cinco reyes de Madián, al este del Jordán, desde el Río Arnón, hasta el monte Hermón al sur de Siria; para que ellos ocuparan sus territorios. Ahora estas dos tribus y media debían dejar a sus mujeres e hijos en las ciudades tomadas, e ir a ayudar a sus hermanos, como lo habían prometido al Señor.

*Verso 16-18: "Entonces respondieron a Josué, diciendo: Nosotros haremos todas las cosas que nos has mandado, e iremos adondequiera que nos mandes. De la manera que obedecimos a Moisés en todas las cosas, así te obedeceremos a ti; solamente que Jehová tu Dios esté contigo, como estuvo con Moisés.*

*"Cualquiera que fuera rebelde a tu mandamiento, y no obedeciere a tus palabras en todas las cosas que le mandes, que muera; solamente que te esfuerces y seas valiente."*

Las dos tribus y media estuvieron de acuerdo en hacer lo que Josué les mandada, siempre y cuando Jehová estuviera con él, como había estado con Moisés. Así el creyente debe obedecer a su pastor, en todo lo que el pastor imite a Cristo

# JOSUE ENVIA ESPIAS A JERICO

Capitulo # 2

VERSO 1

*Josué hijo de Nun envió desde Sitim dos espías secretamente, diciéndoles: Andad, reconoced la tierra, y a Jericó. Y ellos fueron, y entraron en casa de una ramera que se llamaba Rahab, y posaron allí."*

Jericó estaba a ocho millas del Jordán. Josué envió dos espías a reconocer la tierra. Hacía cuarenta años que Moisés habían mandado doce espías a reconocer la tierra de Canaán, y Josué mismo había sido uno de ellos. Diez de ellos regresaron desanimando al pueblo al decirle que la tierra estaba habitada por gigantes.

La falta de fe de aquellos diez espías trajo como consecuencia la marcha por el desierto del pueblo por cuarenta años. De aquella generación de soldados de más de veinte, años sólo quedaban vivos Josué y Caleb.

La nueva generación que Josué comandaba había derrotado a los gigantes, del este del Jordán, y estaban dispuestos a derrotar, con la ayuda de Jehová, a los gigantes de Canaán.

Los espías posaron en la casa de Rahab, la ramera, la posada de una mujer que había tenido una dudosa reputación. Aunque tal vez ella se había reformado, el estigma de su vida pasada le seguía, como el de leproso seguía como a Simón después de haber sido sanado por Cristo. Así también el estigma de su vida pasada sigue a muchos santos

*Versos 2-7:* *"Y fue dado aviso al rey de Jericó, diciendo: He aquí que hombres de los hijos de Israel han venido a ti, y han entrado en tu casa; porque han venido para espiar toda la tierra.*

*"Pero la mujer había tomado a los dos hombres y los había escondido; y dijo: Es verdad que unos hombres vinieron a mí, pero no supe de dónde eran. Y cuando se iba a cerrar la puerta, siendo ya oscuro, esos hombres salieron, y no sé a dónde han ido; seguidlos aprisa, y los alcanzaréis.*

*"Mas ella los había hecho subir al terrado, y los había escondido entre los manojos de lino que tenía puestos en el terrado. Y los hombres fueron tras ellos por el camino del Jordán, hasta los vados; y la puerta fue cerrada después que salieron los perseguidores."*

La mujer mostró una grande sabiduría recibiendo en paz a quienes el rey le había declarado la guerra. Ella sabía quiénes eran ellos y de dónde venían. Por eso los recibió y los escondió en el terrado y los cubrió con el lino que tenía allí secándose al sol.

Como su casa era una posada pública, los hombres fueron vistos por algunos de los que estaban allí, y fueron con la noticia al rey. Este preguntó por ellos, pero ella negó que estuvieran en su casa, y lo envió en una búsqueda inútil.

*Verso 8-13:* *"Antes que ellos se durmiesen, ella subió al terrado, y les dijo: Sé que Jehová os ha dado esta tierra; porque el temor de vosotros ha caído sobre nosotros, y todos los moradores del país ya han desmayado por causa de vosotros.*

*Porque hemos oído que Jehová hizo secar las aguas del Mar Rojo delante de vosotros cuando salisteis de Egipto, y lo que habéis hecho a los dos reyes de los amorreos que estaban al otro lado del Jordán, a Sehón y a Og a los cuales habéis destruido. Oyendo esto, ha desmayado nuestro corazón; ni ha quedado más aliento en hombre alguno por causa de vosotros, porque Jehová vuestro Dios es Dios arriba en los cielos y abajo en la tierra.*

*"Os ruego, pues, ahora, que me juréis por Jehová, que como he hecho misericordia con vosotros, así la haréis vosotros con la casa de mi padre, de lo cual me daréis señal segura; y que salvaréis la vida de mi padre y mi madre, a mis hermanos y hermanas, y a todo lo suyo; y que libraréis nuestras vidas de la muerte."*

Rahab, viviendo en una casa pública, había oído hablar de las maravillas y señales que el Dios de los israelitas había hecho en Egipto, hacía cuarenta años, y lo que había hecho unos meses atrás a Sehón, a Og y a los cinco reyes de Madián.

Ella le comunicó a los espías acerca del estado de temor en que estaba su pueblo. Estaba segura que la destrucción de su país era segura, por lo tanto, actuando sabiamente, ayudó a los espías y le pidió misericordia para los suyos. Ella también reconoció que el Dios de los israelitas no era como los dioses de su país, sino que era Dios arriba en el cielo, a causa de la nube, y abajo en la tierra, a causa de la destrucción que había hecho en los pueblos.

Ella reconoció que Dios le había dado a los israelitas aquella tierra. El rey de Jericó también había oído acerca del Dios de los israelitas, pero decidió luchar contra ellos hasta el fin. Rahab habló con más seguridad acerca de la verdad de la promesa hecha a los padres de los israelitas, que todos los ancianos de Israel, que habían sido testigos visuales de las maravillas y señales, muchos de los cuales murieron sin creer en la promesa.

*Verso 14-15: "Entonces ellos le respondieron: Nuestra vida responderá por la vuestra, si no denunciareis este asunto nuestro; cuando Jehová nos haya dado la tierra nosotros haremos contigo misericordia y verdad.*

*"Entonces ella les hizo descender con una cuerda por la ventana; porque su casa estaba en el muro de la ciudad, y ella vivía en el muro."*

Note: Los muros que rodeaban la ciudad de Jericó, lo mismo que muchas de las ciudades del Medio Oriente, eran murallas de piedras, altas y anchas. Encima de las murallas había casas, y carreteras por donde corrían los carros de caballos de los soldados alrededor de la ciudad. Estas murallas eran parecidas a la muralla de China, pero más anchas para acomodar las casas y las carreteras.

En la entrada de las ciudades, en la muralla, estaban las cortes de justicia, de modo que podemos darnos cuenta lo anchas que eran las murallas. Los espías hicieron pacto verbal con Rahab de preservarle la vida a ella y a los suyos. Aquí recordamos las palabras de Pablo al carcelero de Filipos: "Cree en el Señor Jesucristo, y serás salvo tú y tu casa." Ella los ayudó a descolgarse por el muro atados a una cuerda, atada a su ventana.

*Verso 16-17: "Y les dijo: Marchaos al monte, para que los que fueron tras vosotros no os encuentren; y estad escondidos allí tres días, hasta que los que os siguen hayan vuelto; y después os iréis por vuestro camino. Y ellos dijeron: Nosotros quedaremos libres de este juramento con que nos has juramentado."*

Rahab, conociendo mejor el terreno le dio instrucciones a los espías para su seguridad. Ellos debían irse al monte; no debían tomar la carretera principal; y permanecer allí escondidos por tres días. Los espías harían lo que la mujer les aconsejara, y no se expondrían a ser capturados.

Así nosotros no debemos exponernos a los peligros. A los que son enviados por Dios, él los protege. Los que no han sido enviados, pueden confiar en Dios, pero no tentar a Dios exponiendo sus vidas al peligro. Jesús estuvo tres días y tres noches escondido en las partes más bajas de la tierra.

*Versos 18-20: "He aquí, cuando nosotros entremos en la tierra, tu atarás este cordón de grana a la ventana por la cual nos descolgaste; y reunirás en tu casa a tu padre y a tu madre, a tus hermanos y a toda la familia de tu padre.*

*"Cualquiera que saliere fuera de las puertas de tu casa, su sangre será sobre su cabeza, y nosotros sin culpa. Más cualquiera que se estuviere en casa contigo, su sangre será sobre nuestra cabeza, si mano le tocare. Y si tú no denunciares este nuestro asunto, nosotros quedaremos libres de este tú juramento con que nos has juramentado."*

Rahab debía atar la misma cuerda de grana con que había bajado a los espías de su ventana. Esa sería la señal, lo mismo que la sangre en los postes y el dintel de las casas de los israelitas, la noche de la muerte de los primogénitos de Egipto; y lo mismo que la sangre de Cristo en el corazón del creyente.

Cuando viniera el destructor a destruir, vería el cordón rojo, y no tocaría aquella morada. El mismo cordón que ella usara para la preservación de los israelitas, serviría para su propia preservación. Todos sus familiares debían estar dentro de su casa porque nadie podía distinguirlos fuera de ella. La única forma de distinguirlos era si estaban dentro de la casa distinguida. Todos ellos iban a ser salvos por causa de Rahab.

Ellos debían refugiarse en la casa de la promesa, lo mismo que Noé en el arca, y Lot en Zoar. Así también el que quiera escapar de la destrucción que le espera al mundo, debe refugiarse en Cristo.

*Verso -21-24: "Ella respondió: Sea así como habéis dicho. Luego los despidió, y se fueron; y ella ató el cordón de grana de la ventana. Y caminando ellos, llegaron al monte y estuvieron allí tres días, hasta que volvieron los que los perseguían; y los que los persiguieron buscaron por todo el camino, pero no los hallaron.*

*"Entonces volvieron los dos hombres; descendieron del monte, y pasaron, y vinieron a Josué hijo de Nun, y le contaron todas las cosas que les habían acontecido. Y dijeron a Josué: Jehová ha entregado toda la tierra en nuestras manos; y también todos los moradores del país desmayan delante de nosotros."*

El regreso de los espías sanos y salvos, con las noticias de la actitud de los moradores de Jericó sirvió para animar más a Josué. El vio la mano de Dios proveyéndoles de tan buena amiga en el país enemigo, a pesar de la ira del rey de Jericó. El terror de los impíos es presagio de su segura destrucción. Si nosotros resistimos a nuestros enemigos espirituales, ellos huirán de nosotros. Más tarde Rahab se casó con Salmón, uno de los espías. Ella fue la bisabuela del rey David.

# EL PASO DEL JORDAN

Capitulo #3

VERSOS 1-4

*Josué se levantó de mañana, y él y todos los príncipes partieron de Sitim y vinieron hasta el Jordán, y reposaron allí antes de pasarlo. Y después de tres días, los oficiales recorrieron el campamento, y mandaron al pueblo, diciendo;*

*"Cuando veáis el arca del pacto de Jehová vuestro Dios, y los levitas sacerdotes que la llevan, vosotros saldréis de vuestro lugar y marcharéis en pos de ella, a fin de que sepáis el camino por donde habéis de ir; por cuanto vosotros no habéis pasado antes de ahora por este camino. Pero entre vosotros y ella hay distancia como de dos mil codos; no os acercaréis a ella."*

El pueblo estaba acampado en Abel-Sitim, en la frontera entre los territorios de Rubén y Gad. El pueblo se preparaba, bajo la dirección de los oficiales de Josué, para entrar a Canaán. Ellos debían ir en pos de arca, pero no podían acercarse a ella para que no murieran. La distancia entre ellos y el arca era de 360 metros, o cerca de mil yardas. Hasta aquí los había dirigido la nube; ahora los dirigiría el Arca.

*Verso 5: "Y dijo Josué al pueblo: Santificaos, porque Jehová hará mañana maravillas entre vosotros."*

Note que Josué estaba tan íntimamente relacionado con el Señor, que podía decir de antemano lo que el Señor iba a hacer.

*Verso 6-8: "Y habló Josué a los sacerdotes, diciendo: Tomad el arca del pacto, y pasad delante del pueblo. Y ellos tomaron el arca del pacto y fueron delante del pueblo.*

*"Entonces Jehová dijo a Josué: Desde este día comenzaré a engrandecerte delante de los ojos de todo Israel, para que entiendan que como estuve con Moisés, así estaré contigo. Tú, pues, mandarás a los sacerdotes que llevan el arca del pacto, diciendo: Cuando hayáis entrado hasta el borde del agua del Jordán, pararéis en el Jordán."*

Dios habló a Josué por medio del sumo sacerdote Eleazar, como lo había dicho antes; (Núm. 27:21.) Desde aquel día Dios comenzaría a hacer milagros que confirmaran a Josué como líder de los israelitas, para que no se levantaran otros a reclamar puestos que el Señor no les había dado.

La primera orden fue dirigida a los sacerdotes. Ellos debían marchar primero y detenerse a orillas del río Jordán.

*Verso 9-11: "Y Josué dijo a los hijos de Israel: Acercaos y escuchad las palabras de Jehová vuestro Dios. Y añadió Josué: En esto conoceréis que el Dios viviente está en medio de vosotros, y que él echará de delante de vosotros al cananeo, al heteo, al heveo, al gergeseo, al amorreo y al jebuseo. He aquí el arca del pacto del Señor de toda la tierra pasará delante de vosotros en medio del Jordán."*

La señal la iba a dar Jehová usando el arca del pacto. Con aquel milagro, el pueblo se fortalecería en fe y creería que Dios iba a echar las siete naciones, más fuertes y poderosas que ellos, que habitaban en Canaán. Así también nosotros vinimos a Cristo con siete demonios más fuertes y poderosos que nosotros: Idolatría, Orgullo, Ira, Gula, Lujuria, Odio, Ira y codicia. El Señor, por medio de la Palabra nos ha ido libertando de ellos.

Sin embargo ya que somos creyentes, tenemos luchas contra siete clases de demonios en el campo de batalla celeste: Espíritus inmundos, Principados, Gobernadores, Poderes, Potentados, y Malicias espirituales. Antes de intentar luchar contra los enemigos espirituales, tenemos que ganar la batalla interna. Esto se va logrando con el estudio, la meditación y la actuación en la Palabra, hasta que la gusanera del subconsciente sea limpiada y llenada de la Palabra de Dios. Es lo que se conoce como la renovación de la mente: (Rom. 12:2, Efe. 4:23.) Esto es lo que significa estar arraigados y cimentados en la Palabra de Dios.

*Versos 11-13: "Tomad, pues, ahora doce hombres de las tribus de Israel, uno de cada tribu. Y cuando las plantas de los pies de los sacerdotes que llevan el arca de Jehová, Señor de toda la tierra, se asienten en las aguas del Jordán, las aguas del Jordán se dividirán; porque las aguas que vienen de arriba se detendrán en un montón."*

Josué le dio las instrucciones al pueblo, diciéndole lo que iba a suceder cuando llegaran al Jordán. El Señor iba a hacer un milagro similar al que hizo en el Mar Rojo por medio de Moisés.

*Verso 14-17: "Y aconteció cuando partió el pueblo de sus tiendas para pasar el Jordán, con los sacerdotes delante del pueblo llevando el arca del pacto, cuando los que llevaban el arca entraron en el Jordán, y los pies de los sacerdotes que llevaban el arca fueron mojados a la orilla del agua (porque el Jordán suele desbordarse por todas sus orillas todo el tiempo de la siega), las aguas que venían de arriba se detuvieron como en un montón bien lejos de la ciudad de Adam. Que está al lado de Seratán, y las que descendían al mar de Arabá, al Mar salado, se acabaron, y fueron divididas; y el pueblo pasó en dirección de Jericó.*

*Mas los sacerdotes que llevaban el arca del pacto de Jehová, estuvieron en seco, firmes en medio del Jordán, hasta que todo el pueblo hubo acabado de pasar el Jordán; y todo Israel pasó en seco."*

Cuando comparamos este milagro con el de la división del Mar Rojo, nuestra tendencia es de restarle valor a éste, sin embargo, tanto aquel como este eran algo espectacular y grandioso. El río estaba crecido. En la cuidad de Adam, se le unía el río Jaboc que venía del este. Unas millas más arriba el río Yarmuck también desembocaba en el Jordán.

El agua continuaba bajando en su camino al Mar salado, sin embargo se detuvieron como en un montón. Piense en tres ríos unidos, tres ríos crecidos, alimentados por la nieve derretida del monte Hermón, enviando sus torrentes primero al lago Cineret, vaciándose en el Jordán hacia el Mar Salado, o el Mar Muerto. En aquel tiempo el Jordán crecido cubría dos millas de ancho.

A medida que el agua iba llegando al lugar designado por Dios, se iban cuajando, volviéndose un gran montón de hielo, mientras el cauce del río iba quedando seco, para que pasaran los tres millones de Israelitas.

Los sacerdotes permanecían en medio del río con el arca. Los israelitas pasaban a 360 metros de distancia del arca, para que no murieran. El arca era el trono de Dios en la tierra. Si miramos con el lente espiritual, veremos la gran cantidad de ángeles empleados en este trabajo tan maravilloso. Eran los mismos que habían llevado en hombros al pueblo y a los animales, a través del Mar Rojo, 40 años antes; (Exo. 19:4.)

# LAS DOCE PIEDRAS TOMADAS DEL JORDAN

Capitulo # 4

VERSOS 1-8

*Cuando toda la gente hubo acabado de pasar el Jordán, Jehová habló a Josué, diciendo: Tomad del pueblo doce hombres, uno de cada tribu, y mandadles, diciendo: Tomad de aquí de en medio del Jordán, del lugar donde están firmes los pies de los sacerdotes, doce piedras, las cuales pasaréis con vosotros, y levantadlas en el lugar donde habéis de pasar la noche.*

"*Entonces Josué llamó a los doce hombres a los cuales él había designado de entre los hijos de Israel, uno de cada tribu. Y les dijo Josué: Pasad delante del arca de vuestro Dios a la mitad del Jordán, y cada uno de vosotros tome una piedra sobre su hombro, conforme al número de las tribus de Israel, para que esto sea señal entre vosotros; y cuando vuestros hijos preguntaren a sus padres mañana, diciendo: ¿Qué significan estas piedras?*

"*Les respondáis: Que las aguas del Jordán fueron divididas delante del arca del pacto de Jehová; cuando ella pasó el Jordán, las aguas del Jordán se dividieron; y estas piedras os servirán de monumento conmemorativo a los hijos de Israel para siempre.*"

"*Y los hijos de Israel lo hicieron así como Josué les mandó; tomaron doce piedras de en medio del Jordán, como Jehová lo había dicho a Josué, conforme al número de las tribus de*

*Israel, y las pasaron a lugar donde acamparon, y las levantaron allí."*

Josué dio la orden a los doce hombres de formar un monumento como memorial del paso del arca y del pueblo por el Jordán. Este monumento iba a ser levantado en Gilgal. El mismo debía servir de tema de instrucción a las generaciones futuras. Las piedras debían ser tomadas del lugar donde los sacerdotes que cargaban el arca, pusieron los pies. En este mismo lugar, llamado Betábara, fue que Juan bautizó a Jesús casi mil quinientos años más tarde.

*Versos 9: "Josué también levantó doce piedras en medio del Jordán, en el lugar donde estuvieron los pies de los sacerdotes que llevaban el arca del pacto; y han estado allí hasta hoy."*

No sabemos que este monumento fue orden de Jehová, lo cierto es que Josué lo levantó también como memorial para señalar el lugar exacto donde estuvo el arca de Jehová.

*Verso 10-14: "Y los sacerdotes que llevaban el arca se pararon en medio del Jordán hasta que se hizo todo lo que Jehová había mandado a Josué que dijese al pueblo, conforme a todas las cosas que Moisés había mandado a Josué, y el pueblo se dio prisa y pasó.*

*"Y cuando todo el pueblo acabó de pasar, también pasó el arca de Jehová, y los sacerdotes, en presencia del pueblo. También los hijos de Rubén y los hijos de Gad y la media tribu de Manasés pasaron armados delante de los hijos de Israel, según Moisés había dicho; como cuarenta mil hombres armados, listos para la guerra, pasaron hacia la llanura de Jericó delante de Jehová.*

*"En aquel día Jehová engrandeció a Josué a los ojos de todo Israel; y le temieron, como habían temido a Moisés, todos los días de su vida."*

Este milagro confirmaría el llamado divino de Josué, y la fe de los Israelitas. Ahora el pueblo sabía que tenía un líder fuerte, valiente y guiado por la mano divina. Las dos tribus y media que habían ocupado el este del Jordán, Rubén, Gad y la media tribu de Manasés, cumpliendo el compromiso con Dios de ayudar a sus hermanos en la conquista de Canaán, dejaron a sus familias y sus ganados establecidos en sus tierras. Eran como 40 mil soldados preparados para la batalla.

*Versos 15-18: "Luego Jehová habló a Josué, diciendo: Manda a los sacerdotes que llevan el arca del testimonio, que suban del Jordán. Y aconteció que cuando los sacerdotes que llevaban el arca del pacto de Jehová subieron de en medio del Jordán, y las plantas de los pies de los sacerdotes estuvieron en lugar seco, las aguas del Jordán se volvieron a su lugar, corriendo como antes sobre todos sus bordes."*

*"Y el pueblo subió del Jordán el día diez del mes primero, y acamparon en Gilgal, al lado oriental de Jericó.*

Enseguida que los pies de los sacerdotes salieron del Jordán, la represa invisible se rompió y el agua se precipitó por el cauce del río llenándolo hasta los bordes. Era la primavera; el tiempo de la cosecha de la cebada. Ya el pueblo estaba seguro acampado al lado este de Jericó, en Gilgal.

*Verso 20-24: "Y Josué erigió en Gilgal las doce piedras que habían traído del Jordán. Y habló a los hijos de Israel, diciendo: Cuando mañana preguntaren vuestros hijos a sus padres, y dijeren: ¿Qué significan estas piedras? Declararéis a vuestros hijos, diciendo: Israel pasó en seco por este Jordán.*

*"Porque Jehová vuestro Dios secó las aguas del Jordán delante de vosotros, hasta que habíais pasado, a la manera que lo había hecho en el Mar Rojo, el cual secó delante de nosotros hasta que pasamos; para que todos los pueblos de la tierra conozcan que la mano de Jehová es poderosa; para que temáis a Jehová vuestro Dios todos los días."*

Los sacerdotes que llevaban el arca eran los hijos de Eleazar y de Itamar, hijos de Aarón, herederos del sumo sacerdocio. Los demás levitas no podían tocar el arca porque morían. Ellos tenían otros oficios, que no tenían nada que ver con los de los sacerdotes. (Vea Números, cap. 3).

Los Israelitas pasaron el Jordán el día diez del primer mes, exactamente 40 años desde la salida del pueblo de Egipto. El pueblo volvió a recibir la encomienda sagrada de instruir a sus hijos en el temor de Dios. Esto sería lo que los preservaría como nación en los siglos futuros. Si ellos no instruían a sus hijos, pronto sus hijos serían absorbidos por las naciones y dejarían de existir como pueblo.

# LA CIRCUNCISION Y LA PASCUA EN GILGAL

Capitulo # 5

VERSO 1

*Cuando los reyes de los amorreos que estaban al otro lado del Jordán, y todos los reyes de los cananeos que estaban cerca del mar, oyeron cómo Jehová había secado las aguas del Jordán delante de los hijos de Israel hasta que hubieron pasado, desfalleció su corazón, y no hubo más aliento en ellos delante de los hijos de Israel."*

¿Se imagina el miedo que atenazó el corazón de los reyes y los pueblos de Canaán al ver el milagro del Jordán? Aunque el corazón del pueblo había desfallecido antes, como dijo Rahab; los reyes habían declarado que ellos se mantendrían firmes porque sus ciudades estaban bien amuralladas, y estaban listos para presentar batalla al pueblo de Israel.

Ellos tenían razón de tener terror. El pueblo de Israel era formidable. El mismo contaba con 40 mil soldados. Y como si esto fuera poco, el Dios de los israelitas estaba haciendo milagros y maravillas. El aliento se fue de ellos; su causa estaba perdida.

*Verso 2-9: "En aquel tiempo Jehová dijo a Josué: Hazte cuchillos afilados, y vuelve a circuncidar la segunda vez a los hijos de Israel. Y Josué se hizo cuchillos afilados, y circuncidó a los hijos de Israel en el collado de Aralot.*

*"Esta es la causa por la cual Josué los circuncidó: Todo el pueblo que había salido de Egipto, los varones, todos los hombres de guerra, habían muerto en el desierto, por el camino, después que salieron de Egipto. Pues todos los del pueblo que había salido estaban circuncidados; más todo el pueblo que había nacido en el desierto, por el camino, después que salieron de Egipto, no estaba circuncidado.*

*"Porque los hijos de Israel anduvieron por el desierto cuarenta años, hasta que todos los hombres de guerra que habían salido de Egipto fueron consumidos, por cuanto no obedecieron a la voz de Jehová; por lo cual Jehová les juró que no les dejaría ver la tierra de la cual había jurado a sus padres que no les daría, tierra que fluye leche y miel.*

*"A los hijos de ellos, que él había hecho suceder en su lugar, Josué los circuncidó; pues eran incircuncisos, porque no habían sido circuncidados por el camino. Y cuando acabaron de circuncidar a toda la gente, se quedaron en el mismo lugar en el campamento hasta que sanaron."*

¡Qué hermoso simbolismo! Durante su ministerio que duró cuarenta años, Moisés no circuncidó ni uno solo de los israelitas. ¿Por qué? El conocía muy bien el mandato, y él mismo experimentó la ira divina por haber descuidado la circuncisión de sus hijos. (Vea Éxodo 4: 24-25.)

El asunto era que Dios no le había dicho que lo hiciera, y Moisés era obediente a Dios. Ahora Dios le dice a Josué que circuncide al pueblo incircunciso, y Josué procede a hacerlo. Esto es un bello tipo de la dispensación de la ley y la de la gracia. La ley, Moisés, no podía circuncidar el corazón, que es el nuevo nacimiento. La gracia, Josué, tipo de Jesús, hizo posible el nuevo nacimiento, la circuncisión del corazón en el pueblo incircunciso gentil.

Los cuarenta años que marcharon los israelitas por el desierto, son tipo de los cuatro mil años antes de la venida de Cristo. Ahora el pueblo era introducido a la tierra de Canaán. Al fin se cumplían las promesas hechas a los padres, Abraham, Isaac y Jacob.

Así también al fin de los cuatro milenios, Dios vino a la tierra a establecer un nuevo pacto en su sangre, y a establecer la Iglesia, la Canaán espiritual prometida, y a establecer un cambio en el mundo.

*Versos 9: "Y Jehová dijo a Josué: Hoy he quitado de vosotros el oprobio de Egipto; por lo cual el nombre de aquel lugar fue llamado Gilgal, hasta hoy:"*

El pueblo tuvo que esperar en Gilgal hasta que sanaran. Gilgal en hebreo es "galal" o "rodar."

*Verso 10-12: "Y los hijos de Israel acamparon en Gilgal, y celebraron la pascua a los catorce días del mes, por la tarde, en los llanos de Jericó. Al otro día de la pascua comieron del fruto de la tierra, los panes sin levadura, y en el mismo día espigas nuevas tostadas. Y el maná cesó el día siguiente, desde que comenzaron a comer del fruto de la tierra; y los hijos de Israel nunca más tuvieron maná, sino que comieron de los frutos de la tierra de Canaán aquel año."*

Esta era la primera pascua que celebraban los israelitas desde que salieron de Egipto. (Amós 5:25.) El maná ya no era necesario pues habían llegado a la tierra que daba su fruto en abundancia. En el mismo día que comenzó la fiesta de los panes sin levadura comieron espigas tostadas.

El maná debió haber cesado cuando ellos murmuraron llamándolo; "pan liviano", pero el Señor continuó alimentándolos durante los cuarenta años que estuvieron en el desierto. El es el Dios padre, y conoce las necesidades de sus hijos.

## JOSUE Y EL VARON CON LA ESPADA DESENVAINADA

### VERSOS 13-15

*Estando Josué cerca de Jericó, alzó sus ojos y vio a un varón que estaba delante de él, el cual tenía una espada desenvainada en su mano, Y Josué, yendo hacia él, le dijo: ¿Eres de los nuestros, o de nuestros enemigos?*

*"El respondió. No; mas como Príncipe del ejército de Jehová he venido ahora. Entonces Josué, postrándose sobre su rostro en tierra, le adoró; y le dijo: ¿Qué dice mi Señor a su siervo? Y el Príncipe del ejército de Jehová respondió a Josué: Quita el calzado de tus pies, porque el lugar que pisas, es santo. Y Josué así lo hizo."*

Enseguida que Josué terminó las solemnidades de la circuncisión y la celebración de la Pascua y la fiesta de los panes sin levadura, el Señor le apareció. Josué era el general del ejército de Israel. Ahora estaba ante el Generalísimo.

Esta fue una Cristofanía. Cristo mismo se presentó como el Príncipe del ejército de Jehová, o Jehová de los ejércitos, o

Shavuot. Sabemos que no era un ángel porque los ángeles no admiten adoración, pero Cristo sí.

El había aparecido a Abraham como un viajero, o Adonai, el Shadday; pero a Josué se apareció como un soldado con la espada en la mano. Cristo será a su pueblo como la fe lo desee. El tenía la espada en la mano para justificar la guerra que Josué iba a emprender contra los cananeos

Note el gran valor de Josué. El le preguntó si era de ellos o de los enemigos. El estaba listo a pelear. Note también que en esta guerra habría dos campamentos; el de Israel y el de Jehová.

# LA TOMA DE JERICO

Capitulo # 6

VERSOS 1-5

*Ahora, Jericó estaba cerrada, bien cerrada, a causa de los hijos de Israel; nadie entraba ni salía. Mas Jehová dijo a Josué: Mira, yo he entregado en tu mano a Jericó y a su rey, con sus varones de guerra. Rodearéis, pues, la ciudad todos los hombres de guerra, yendo alrededor de la ciudad una vez; y esto haréis durante seis días.*

*"Y siete sacerdotes llevarán siete bocinas de cuernos de carnero delante del arca; y al séptimo día daréis siete vueltas a la ciudad, y los sacerdotes tocarán las bocinas. Y cuando toquen prolongadamente, así que oigáis el sonido de la bocina, todo el pueblo gritará a gran voz, y el muro de la ciudad caerá; entonces subirá el pueblo, cada uno derecho hacia adelante.*

Aquí tenemos el combate entre Dios y los hombres de Jericó. El pueblo de Jericó rechazó la idea de que Israel fuera su amo. Entonces se encerraron en la ciudad, rodeada de muros altos y anchos, pensando que los israelitas no podrían escalarlos ni penetrarlos. Ellos estaban muy confiados en sus muros.

El Señor le dio instrucciones a Josué acerca de la estrategia que usarían para ocupar el lugar. Josué debía seguirlos al pie de la letra. La guerra no era suya, sino de Jehová. Aquí recordamos la lucha de David contra los filisteos, en 2 Samuel 5:22. Dios le dijo a David que cuando escuchara ruido de marcha en las copas de los árboles, atacara, porque Dios los había entregado en su mano. El ejército de David iba por tierra, pero el de Jehová iba por encima de los árboles.

*Verso 6-11: "Llamando, pues, Josué hijo de Nun a los sacerdotes, les dijo: Llevad el arca del pacto, y siete sacerdotes lleven las bocinas de cuerno de carnero delante del arca de Jehová. Y dijo al pueblo: Pasad, y rodead la ciudad; y los que estén armados pasarán delante del arca de Jehová.*

*"Y así que Josué hubo hablado al pueblo, los siete sacerdotes, llevando las siete bocinas de cuerno de carnero, pasando delante del arca de Jehová, y tocaron las bocinas; y el arca del pacto de Jehová los seguía.*

*"Y los hombres armados iban delante de los sacerdotes que tocaban las bocinas, y la retaguardia iba tras el arca, mientras sonaban continuamente. Y Josué mandó al pueblo, diciendo: Vosotros no gritaréis, ni se oirá vuestra voz, ni saldrá palabra de vuestra boca, hasta el día que yo os diga: Gritad; entonces gritaréis."*

*"Así que él hizo que el arca de Jehová diera una vuelta alrededor de la ciudad, y volvieron al campamento y pasaron allí la noche."*

El general Josué le dio instrucciones a los sacerdotes y al pueblo. No se levantarían trincheras, ni se haría ninguna preparación militar. Solamente siete sacerdotes llevarían bocinas de cuerno de carnero delante del arca. Primero desfilaría silenciosamente el ejército armado, luego los siete sacerdotes irían sonando sus bocinas, luego los demás sacerdotes llevarían el arca del pacto; y detrás del arca, seguiría el pueblo marchando alrededor de la ciudad en silencio.

*Verso 12-17:* *"Y Josué se levantó de mañana, y los sacerdotes tomaron el arca de Jehová. Y los siete sacerdotes, llevando las siete bocinas de cuerno de carnero, fueron delante del arca de Jehová, andando siempre y tocando las bocinas; y los hombres armados iban delante de ellos; y la retaguardia iba tras el arca de Jehová, mientras las bocinas tocaban continuamente. Así dieron otra vuelta a la ciudad el segundo día, y volvieron al campamento; y de esta manera hicieron durante seis días."*

*"Al séptimo día se levantaron los sacerdotes al despuntar el alba, y dieron vuelta a la ciudad de la misma manera siete veces; solamente este día dieron vuelta alrededor de ella siete veces. Y cuando los sacerdotes tocaron las bocinas la séptima vez, Josué dijo al pueblo: Gritad, porque Jehová os ha entregado la ciudad."*

*"Y será la ciudad anatema a Jehová, con todas las cosas que están en ella; solamente Rahab la ramera vivirá, con todos los que estén en casa con ella, por cuanto escondió a los mensajeros que enviamos."*

Note que Josué no le dijo al pueblo lo que Jehová le había dicho a él, sino que los probó a ver si obedecían al pie de la letra las órdenes que él les daba. Los hombres armados iban delante del arca para limpiar el camino por donde iba a pasar el arca de Jehová. Si los enemigos atacaban, ellos se harían cargo de ellos. Los sacerdotes, ministros de Jehová iban proclamando la guerra a los cananeos. Por el terror de sus espíritus iban a ser subyugados y derrotados.

Así los ministros del evangelio suenan la trompeta en Sión en contra de la maldad y del pecado. Ellos son heraldos que suenan la alarma en el santo monte de Dios, la Iglesia, para que los pecadores teman.

Por seis días los israelitas dieron sus vueltas silenciosamente. El aterrado pueblo de Jericó, encerrado en los muros de la ciudad, desfallecía de terror, escuchando el sonido de las bocinas, y viendo la multitud dando vueltas, con los siete sacerdotes vestidos de blanco sonando las bocinas; y cuatro cargando el arca.

La única que tenía esperanza era Rahab, la ramera, quien con los familiares se refugiaban en su casa; teniendo sumo cuidado de que el cordón rojo estuviera en su ventana.

*Verso 18-19: "Pero vosotros guardaos del anatema; ni toquéis, ni toméis alguna cosa del anatema. No sea que hagáis anatema el campamento de Israel, y lo turbéis. Mas toda la plata y el oro, y los utensilios de bronce y de hierro, sean consagrados a Jehová, y entren en el tesoro de Jehová."*

Los israelitas no debían tomar nada de la ciudad. Su corazón no debía estar puesto en las cosas materiales para ellos, sino depender de la mano de Jehová. Todo el oro, la plata, el bronce y el hierro serían consagrados a Jehová. La riqueza del pueblo debía estar en su tabernáculo, como en conjunto, no en las personas particulares. Por eso Dios declaró anatema, o malditos los tesoros de Jericó.

*Verso 20: "Entonces el pueblo gritó, y los sacerdotes tocaron las bocinas; y aconteció que cuando el pueblo hubo oído el sonido de la bocina, gritó con gran vocerío, y el muro se derrumbó El pueblo subió luego a la ciudad, cada uno derecho hacia adelante."*

¿Qué sucedió? Al sonido de la bocina, el pueblo gritó y los muros se derrumbaron y el pueblo que había estado mirando hacia el frente, volvió su rostro hacia la ciudad y cada uno marchó hacia adelante en dirección de los muros. Algunos dicen que los muros cayeron; pero, ¿cómo cayeron? Si eran tan anchos como para que sobre ellos hubieran casas y carretera, no podían caer hacia el lado y los israelitas pasar por encima, porque sólo se habrían volteado, y quedado tan altos como antes.

Lo que sucedió fue, (y esto lo han comprobado los arqueólogos), que los muros se hundieron, dejando el paso libre a los israelitas para que cada uno caminara hacia adelante. Toda la gente que estaba sobre los muros murió instantáneamente. Los ángeles guerreros, al mando del Señor Sabaot, aplastaron aquellos muros, con sus pies, y los enterraron alrededor de la cuidad con gran estrépito.

*Verso 21.23:* " *Y destruyeron a filo de espada todo lo que en la ciudad había; hombres y mujeres, jóvenes y viejos, hasta los bueyes, las ovejas, y los asnos. Mas Josué dijo a los dos hombres que habían reconocido la tierra: Entrad en casa de la mujer ramera, y haced salir de allí a la mujer y a todo lo que fuere suyo, como lo jurasteis.*

*"Y los espías entraron y sacaron a Rahab, a su padre y a su madre, a sus hermanos y todo lo que era suyo; y también sacaron a toda su parentela, y los pusieron fuera del campamento de Israel."*

El muro que contenía la casa de Rahab, se había hundido suavemente hasta que la casa quedó a ras de tierra. Entonces entraron los dos espías, y sacaron a la mujer y su familia y los establecieron fuera del campamento de Israel porque eran paganos. Ellos debían ser purificados de la idolatría antes de poder unirse al pueblo de Israel.

Uno de los espías, llamado Salmón, era de la tribu de Judá, y figura como el esposo de Rahab, una de las antepasadas del Señor Jesús, en Mateo 1:4.

*Verso 24-25: "Y consumieron a fuego la ciudad, y todo lo que en ella había; solamente pusieron en el tesoro de la casa de Jehová la plata y el oro, y los utensilios de bronce y de hierro.*

*"Mas Josué salvó la vida de Rahab la ramera, y a la casa de su padre, y a todo lo que ella tenía; y habitó entre los israelitas hasta hoy, por cuanto escondió a los mensajeros que Josué había enviado a reconocer a Jericó."*

Aquella ciudad, con todos sus habitantes fueron quemados. Sólo Rahab y los suyos fueron salvos. Ella había hecho bien a los espías, y ahora recibía su recompensa. Ella había decidido servir al Dios de Israel, y fue salva ella y su casa. El pacto que ella había hecho con los espías fue honrado por el pueblo, y por eso pudo entrar a formar parte de la ciudadanía de Israel

*Verso 26-27: "En aquel tiempo hizo Josué un juramento, diciendo: Maldito delante de Jehová el hombre que se levantare y reedificare esta ciudad de Jericó. Sobre su primogénito eche los cimientos de ella, y sobre su hijo menor asiente sus puertas. Estaba, pues, Jehová con Josué, y su nombre se divulgó por toda la tierra."*

Esto se cumplió exactamente en el año 930 A.C, 521 años más tarde, en tiempos de Acab, rey de Israel, cuando Hiel de Betel reedificó la ciudad. A precio de la vida de su primogénito echó el cimiento, y Segub, su hijo menor murió al poner sus puertas.(1 Reyes 16:34.)

La reputación de Josué creció mucho entre los israelitas, quienes le respetaban y le obedecían; y entre los paganos, quienes le temían verdaderamente. Nada le da más reputación a un hombre que la evidencia de que Dios está con él.

# EL PECADO DE ACAN

Capitulo # 7

VERSO 1

*Pero los hijos de Israel cometieron una prevaricación en cuanto al anatema; porque Acán, hijo de Carmi, hijo de Zabdi, hijo de Zera, de la tribu de Judá, tomó del anatema; y la ira de Jehová se encendió contra los hijos de Israel."*

La codicia de un sólo hombre trajo la ira divina sobre el pueblo. Ellos, lo mismo que la Iglesia, eran contados como un solo cuerpo. Alguien había desobedecido el mandamiento de no tomar nada de Jericó, porque era anatema, o maldito. Evidentemente uno de ellos pensó esconderse de Dios.

*Verso 2-3: "Después Josué envió hombres desde Jericó a Hai, que estaba junto a Bet-avén, hacia el oriente de Betel; y les habló diciendo: Subid y reconoced la tierra. Y ellos subieron y reconocieron a Hai. Y volviendo a Josué, le dijeron: No suba todo el pueblo, sino suban como dos mil o tres mil hombres, y tomarán a Hai; no fatigues a todo el pueblo yendo allí, porque son pocos."*

Habiendo conquistado sin esfuerzo a una ciudad tan grande como Jericó, Josué se dispuso a continuar sus conquistas. Hai era una ciudad pequeña, por eso los mensajeros le dijeron que se necesitaba muy poca gente para derrotarlos. Contando con la ayuda del Dios del pacto, será muy fácil.

*Verso 4-5: "Y subieron allá del pueblo como tres mil hombres, los cuales huyeron delante de los de Hai. Y los de Hai mataron de ellos unos treinta y seis hombres, y los siguieron desde la puerta hasta Sebarim, y los derrotaron en la bajada, por lo cual el corazón del pueblo desfalleció y vino a ser como agua."*

¿Qué había sucedido? ¿Por qué habían huido los soldados? ¿Por qué murieron 36 de ellos? ¿No estaba Jehová con ellos? Estas eran algunas de las muchas preguntas que se hacían los capitanes y los soldados del ejército israelita. Esta era la primera batalla que perdían. Si los hombres de una ciudad tan pequeña los habían derrotado: ¿Cómo iban ellos a conquistar el resto de Canaán?

*Verso 6-9:* "*Entonces Josué rompió sus vestidos, y se postró en tierra sobre su rostro delante del arca de Jehová hasta la tarde, él y los ancianos de Israel; y echaron polvo sobre sus cabezas.*

"*Y Josué dijo: ¡Ah, Señor Jehová! ¿Por qué hiciste pasar a este pueblo del Jordán, para entregarnos en manos de los amorreos para que nos destruyan? ¡Ojalá nos hubiéramos quedado al otro lado del Jordán! ¡Ay, Señor! ¿qué diré, ya que Israel ha vuelto la espalda delante de sus enemigos? Porque los cananeos y todos los moradores de la tierra oirán, y nos rodearán, y borrarán nuestro nombre de sobre la tierra; y entonces ¿qué harás tú a tú gran nombre?"*

Note lo que Josué hizo: El no se puso a discutir con los capitanes por su cobarde huida, ni a demandar respuestas ni a recriminarles por su falta de valor en la batalla, como haría cualquier otro general. Josué hizo lo que había visto hacer a Moisés durante cuarenta años. El puso su rostro en tierra, y estuvo orando con los ancianos por muchas horas, hablando con Dios. El sabía quién era su Jefe supremo, por lo tanto se dispuso a orar y a esperar la respuesta del Generalísimo.

*Verso 10-16:* *"Y Jehová dijo a Josué: Levántate; ¿por qué te postras así sobre tu rostro? Israel ha pecado, y aun han quebrantado mi pacto que yo les mandé; y también han tomado del anatema, y hasta han hurtado, han mentido, y aun lo han guardado entre sus enseres.*

*"Por esto los hijos de Israel no podrán hacer frente a sus enemigos, sino que delante de sus enemigos volverán la espalda, por cuanto han venido a ser anatema; ni estaré más con vosotros, si no destruyereis el anatema de en medio de vosotros.*

*"Levántate, santifica al pueblo, y di: Santificaos para mañana; porque Jehová el Dios de Israel dice así: Anatema hay en medio de ti, Israel; no podrás hacer frente a tus enemigos, hasta que hayáis quitado el anatema de en medio de vosotros. Os acercaréis, pues, mañana por vuestras tribus; y la tribu que Jehová tomare, se acercará por sus familias; y la familia que Jehová tomare, se acercará por sus casas, y la casa que Jehová tomare, se acercará por sus varones.*

*"Y el que fuere sorprendido en el anatema, será quemado, él y todo lo que tiene, por cuanto han quebrantado el pacto de Jehová, y ha cometido maldad en Israel."*

El Dios de Israel respondió a la oración de Josué, diciéndole que se levantara de la oración, porque tenía trabajo que hacer. Entonces le informó la razón para el desastre ocurrido. Israel había pecado. Habían tomado del anatema. Había que encontrar al culpable, y ejecutar en él su sentencia.

*Verso 16-19:* *"Josué, pues, levantándose de mañana, hizo acercar a Israel por sus tribus; y fue tomada la tribu de Judá. Y haciendo acercar a la tribu de Judá, fue tomada la tribu*

*Judá, fue tomada la familia de los de Zera; y haciendo luego acercar a la familia de los de Zera por los varones, fue tomado Zabdil.*

*"Hizo acercar su casa por los varones, y fue tomado Acán hijo de Carmi, hijo de Zabdi, hijo de Zera, hijo de Judá. Entonces Josué dijo a Acán: Hijo mío, da gloria a Jehová Dios de Israel, y dale alabanza, y declárame ahora lo que has hecho; no me lo encubras."*

En estos versos tenemos un registro de las suertes echadas por familias, hasta llegar al culpable. Era Acán, de la tribu de Judá, la tribu más ilustre, la que iba al frente de las demás. Aquí aprendemos que las mejores familias tienen entre ellos a los que acarrean vergüenza a los demás. Acán, un miembro de la tribu más grande, no pudo esperar su parte, sino que tomó de la parte de Jehová.

Ahora Josué podía estar más tranquilo porque al menos había descubierto la enfermedad que aquejaba al cuerpo, y que había traído el enojo de Jehová. Note la humildad de Josué en el trato de Acán. El le llamó; "hijo mío." Esto nos enseña a no ser ásperos con los ofensores, pues nosotros estamos sujetos a caídas lo mismo que ellos. Nunca debemos juzgar a nadie llevados por la pasión, sino con temor y temblor, especialmente a los hermanos.

*Verso 20-21: "Y Acán respondió a Josué diciendo: Verdaderamente yo he pecado contra Jehová el Dios de Israel, y así he hecho. Pues vi entre los despojos un manto Babilónico muy bueno, y doscientos siclos de plata, y un lingote de oro de peso de cincuenta siclos, lo cual codicié y tomé; y he aquí que está escondido bajo tierra en medio de mi tienda y el dinero debajo de ello."*

Acán confesó su pecado. El reconoció que había pecado contra el Dios de Israel. El había tomado el precioso manto Babilónico de colores, cien onzas de plata y veinticinco onzas de oro. El pensó que todo aquello iba a ser devorado por las llamas, y su corazón codicioso pudo más que la orden de Jehová.

La serpiente antigua había levantado su cabeza y tentado a este varón israelita para que desobedeciera a Dios, como lo hizo con Adán y Eva. El pecado suyo fue el de codiciar la riqueza prohibida, lo mismo que el de Adán y Eva fue el de codiciar el conocimiento prohibido. Todos ellos tuvieron que sufrir las terribles consecuencias de su maldad.

*Verso 22-24: "Josué entonces envió mensajeros, lo cuales fueron corriendo a la tienda; y he aquí estaba escondido en su tienda, y el dinero debajo de ello. Y tomándolo de en medio de la tienda, lo trajeron a Josué y a todos los hijos de Israel, y lo pusieron delante de Jehová.*

*Entonces Josué y todo Israel con él, tomaron a Acán hijo de Zera, el dinero, el manto, el lingote de oro, sus hijos, sus hijas, sus bueyes, sus asnos, sus ovejas, su tienda y todo cuanto tenía, y lo llevaron al valle de Acor."*

El amor al dinero es la raíz de todos los males, el cual amando Acán se desvió de la fe y ahora iba a perecer por ello, con toda su familia y todo cuanto poseía. El fue hecho ejemplo de los que se atrevieran violar los mandatos del Señor.

*Verso 25-26: "Y le dijo Josué: ¿Por qué nos has turbado? Túrbete Jehová en este día. Y todos los israelitas los apedrearon, y los quemaron después de apedrearlos. Y levantaron sobre él un gran montón de piedras, que permanece hasta hoy, Y Jehová se volvió del ardor de su ira. Y por esto aquel lugar se llama Valle de Acor, hasta hoy."*

Aparentemente los hijos y la mujer de Acán fueron testigos de su pecado al enterrar el botín en medio de su tienda, y por eso tuvieron que morir con él. El fue apedreado con la sentencia del que violaba el sábado, tal vez porque fue en el sábado que el hombre cometió el pecado.

# TOMA Y DESTRUCCION DE HAI

Capitulo # 8

VERSOS 1-2

*Jehová dijo a Moisés: No temas ni desmayes; toma contigo toda la gente de guerra, y levántate y sube a Hai. Mira, yo he entregado en tu mano al rey de Hai, a su pueblo, a su ciudad y a su tierra. Y harás a Hai y a su rey como hiciste Jericó y a su rey; sólo que sus despojos y sus bestias tomaréis para vosotros. Pondrás, pues, emboscadas a la ciudad detrás de ella."*

El pueblo estaba muy contento con tener a Josué de líder, pero Josué estaba más contento porque Dios era su Director. El no tenía que hacer una junta directiva para determinar los pasos a seguir, sino que iba a Dios, y El le dirigía y le decía el resultado de las batallas. Dios le dijo que no temiera. Esto era porque el pecado de Acán y sus consecuencias habían descorazonado a Josué.

Las corrupciones dentro de la iglesia debilitan más las manos y apocan el espíritu de los líderes que los ataques que vienen a de afuera.

*Verso 3-8:* "*Entonces se levantaron Josué y toda la gente de guerra, para subir contra Hai; y escogió Josué treinta mil hombres fuertes, los cuales envió de noche. Y les mandó, diciendo: Atended, podréis emboscada a la ciudad detrás de ella; No os alejaréis mucho de la ciudad, y estaréis todos dispuestos.*

*"Y yo y todo el pueblo que está conmigo, nos acercaremos a la ciudad; y cuando salgan ellos contra nosotros, como hicieron antes, huiremos delante de ellos. Y ellos saldrán tras nosotros, hasta que los alejemos de la ciudad; porque dirán: Huyen de nosotros como la primera vez. Huiremos, pues, delante de ellos.*

*"Entonces vosotros os levantaréis de la emboscada y tomaréis la ciudad; pues Jehová vuestro Dios la entregará en vuestras manos. Y cuando la hayáis tomado, le prenderéis fuego. Haréis conforme a la palabra de Jehová; mirad que os lo he mandado."*

La estrategia que el pueblo iba a usar era mandada por Dios mismo. Los enemigos estaban de guardia dentro de sus murallas. El sentido común les hubiera avisado que no dejaran la ciudad desprevenida por perseguir un ejército superior en número. Sin embargo, esta batalla era de Dios, y él trastorna las mentes de los sabios.

*Verso 9-15: "Entonces Josué los envió; y ellos se fueron a la emboscada, y se pusieron entre Bet-el y Hai; al occidente y Josué se quedó aquella noche en medio del pueblo. Levantándose Josué muy de mañana, pasó revista al pueblo, y subió con él, con los ancianos de Israel, delante del pueblo contra Hai.*

*"Y toda la gente de guerra que contra él estaba, subió y se acercó, y llegaron a delante de la ciudad, y acamparon al norte de Hai; y el valle estaba entre él y Hai. Y tomó como cinco mil hombres, y los puso en emboscada entre Bet-el y Hai, al occidente de la ciudad. Así dispusieron al pueblo: todo el campamento al norte de la ciudad, y su emboscada al*

*occidente de la ciudad, y Josué avanzó aquella noche hasta la mitad del valle.*

*"Y aconteció que viéndolo el rey de Hai, él y su pueblo se apresuraron y madrugaron; y al tiempo señalado los hombres de la ciudad salieron al encuentro de Israel para combatir, frente al Arabá, no sabiendo que estaba puesta emboscada a espaldas de la ciudad.*

*"Entonces Josué y todo el pueblo se fingieron vencidos y huyeron delante de ellos por el camino del desierto."*

Josué fue hasta el medio del valle, tal vez a orar a Dios por la victoria. Algunos piensan que en el total de la guerra contra Hai, Josué empleó 30,000 hombres; cinco mil en la emboscada y el resto con él para la batalla, ya que Hai era una ciudad pequeña.

Josué y el pueblo se habían levantado bien temprano, de modo que de madrugada, ya estaban frente a Hai. Cuando el pueblo de Hai vio al ejército de Israel, salieron al ataque. Entonces los israelitas huyeron de delante de ellos. Los de Hai creyeron haber ganado la guerra a los cobardes israelitas por la forma en que huían. Entonces todos se fueron tras ellos confiados en la victoria, abandonando la ciudad.

*Verso 16-19: "Y todo el pueblo que estaba en Hai se juntó para seguirles; y siguieron a Josué, siendo así alejados de la ciudad. Y no quedó hombre en Hai ni en Bet-el que no saliera tras de Israel; y por seguir a Israel dejaron la ciudad abierta. Entonces Jehová dijo a Josué: Extiende la lanza que tienes en tu mano hacia Hai, porque yo te la entregaré en tu mano. Y Josué extendió hacia la ciudad la lanza que en su mano tenía.*

*"Y levantándose prontamente de su lugar los que estaban en la emboscada, corrieron luego que él alzó su mano, y vinieron a la ciudad, y la tomaron, y se apresuraron a prenderle fuego."*

Mientras Josué estaba orando, Dios le dijo que extendiera su lanza hacia Hai. La lanza de Josué era tan fatal como la vara de Moisés. Mientras los hombres de Hai perseguían a los israelitas, los de la emboscada entraron y tomaron la ciudad y le prendieron fuego.

La estrategia usada por Josué contra los enemigos es tipo de lo que Jesús hizo. Josué venció cediendo, como si él mismo fuera vencido. Cuando el Señor Jesús inclinó su cabeza en la cruz, y entregó el espíritu, parecía que la muerte había triunfado sobre él, como si todos sus intereses hubieran sido arruinados por ella. Pero él se levantó triunfante, venciendo la muerte y la tumba, el infierno y las huestes de las tinieblas. Quebrantó el poder del diablo, permitiendo que éste le hiriera el calcañar. ¡Gloriosa estrategia!

El pueblo de Israel obedeció al pie de la letra las instrucciones de Josué, de acuerdo a las palabras del Señor. Los que fueron enviados en la emboscada al oeste, entre Hai y Bet-el, dos ciudades confederadas contra el pueblo israelita, tomaron ambas ciudades.

El orgulloso rey de Hai no se dio cuenta que sus soldados habían dejado la ciudad sin protección. Así Dios ciega a los hombres que le rechazan de las cosas que pertenecen a su paz. Los que están en peligro más eminente son los más descuidados. Así los enemigos de la Iglesia corren a la destrucción. El Faraón se hundió en el mar con todos sus ejércitos por perseguir a Israel. Así la prosperidad de los necios los endurece para su ruina.

*Verso 20-22:* *"Y los hombres de Hai volvieron el rostro, y al mirar, he aquí que el humo de la ciudad subía al cielo, y no pudieron huir ni a una parte ni a la otra, porque el pueblo que iba huyendo hacia el desierto se volvió contra los que les seguían.*

*"Josué y todo Israel, viendo que los de la emboscada habían tomado la ciudad, y que el humo de la ciudad subía, se volvieron y atacaron a los de Hai.*

*"Y los otros salieron de la ciudad a su encuentro, y así fueron encerrados en medio de Israel, los unos por un lado, y los otros por el otro. Y los hirieron hasta que no quedó ninguno de ellos que escapase. Pero tomaron vivo al rey de Hai, y lo trajeron a Josué."*

Note que la completa victoria que Israel obtuvo fue por la bendición de Jehová. Cada uno de los grupos hizo su parte. Por señales supieron cuando atacar, y se entendían entre ellos. Así rodearon a los de Hai y éstos tuvieron que ceder sus vidas a los destructores. Si los príncipes de este siglo hubieran conocido la sabiduría oculta, nunca hubieran crucificado al Señor de Gloria. (1 Cor. 2:8.)

*Verso 24-29:* *"Y cuando los Israelitas acabaron de matar a todos los moradores de Hai en el campo y en el desierto a donde los habían perseguido, y todo habían caído a filo de espada hasta ser consumidos, todos los israelitas volvieron a Hai, y también la hirieron a filo de espada.*

*"Y el número de los que cayeron aquel día hombres y mujeres, fue de doce mil, todos los de Hai. Porque Josué no retiró su mano que había extendido con la lanza, hasta que hubo destruido por completo a todos los moradores de Hai.*

*"Pero los israelitas tomaron para sí las bestias y los despojos de la ciudad, conforme a la palabra de Jehová que le había mandado a Josué. Y Josué quemó a Hai y la redujo a un montón de escombros, asolada para siempre hasta hoy.*

*"Y al rey de Hai lo colgó de un madero hasta caer la noche; y cuando el sol se puso, mandó Josué que quitasen del madero su cuerpo, y lo echasen a la puerta de la ciudad; y levantaron sobre él un gran montón de piedras, que permanece hasta hoy."*

Dios, el Juez justo había pasado su juicio sobre la maldad de los de Hai; los israelitas sólo fueron sus ministros. Los muertos fueron 12,000, un número muy pequeño para atreverse a desafiar a los 40 mil soldados de Israel. A los que Dios va a destruir primero permite que se infatúen.

El rey de Hai fue tomado prisionero, pero el de Bet-el fue muerto. Los israelitas tomaron el despojos de las dos ciudades. Allí se cumplió la palabra que dice que las riqueza del impío son para el justo. Tal vez el rey de Hai había blasfemado y desafiado al Dios de Israel. Por eso fue colgado de un madero, tal vez crucificado y echado a la puerta de la ciudad, y sobre el cuerpo hicieron un monumento de piedras que permanece como testigo mudo de la severidad de los juicios de Dios.

*Verso 30-35: " Entonces Josué edificó un altar a Jehová Dios de Israel en el monte Ebal, como Moisés siervo de Jehová lo había mandado a los hijos de Israel, como está escrito en el libro de la ley de Moisés, un altar de piedras enteras sobre las cuales nadie alzó hierro; y ofrecieron sobre él holocaustos a Jehová, y sacrificaron ofrendas de paz.*

*"También escribió allí sobre las piedras una copia de la ley de Moisés, la cual escribió delante de los hijos de Israel. Y todo Israel, con sus ancianos, oficiales y jefes, estaban en pie a uno y otro lado del arca, en presencia de los sacerdotes levitas que llevaban el arca del pacto de Jehová, así los extranjeros como los naturales.*

*"La mitad de ellos estaba hacia el monte Gerizim, y la otra mitad hacia el monte Ebal, de la manera que Moisés, siervo de Jehová lo había mandado antes, para que bendijesen primeramente al pueblo de Israel.*

*"Después de esto leyó todas las palabras de la ley, las bendiciones y las maldiciones, conforme a todo lo que está escrito en el libro de la ley. No hubo palabra alguna de todo cuanto mandó Moisés, que Josué no hiciese leer delante de toda la congregación de Israel, y de las mujeres, de los niños, y de los extranjeros que moraban con ellos."*

Tal vez pensamos que el próximo paso después de tomar a Jericó, a Hai y a Bet-el, era conquistar el resto del país, sin embargo, Josué tenía algo muy importante que hacer antes de continuar adelante.

Era el establecimiento de la orden de Dios dada a Moisés acerca de las bendiciones en el monte Gerizim, y las maldiciones del monte Ebal. Así que luego de construir el altar en el monte Ebal, y de hacer sacrificios de ofrenda a Jehová, prosiguió a escribir, lo registrado en Deut. 28; 1.14 sobre el monte Gerizim, y Deut. 27:14-26, sobre el monte Ebal.

Los dos montes estaban uno frente al otro. Estaban divididos por un valle. Los sacerdotes con el arca, estaban en medio del valle, junto a ellos estaban Josué y los ancianos de Israel. El resto del pueblo estaba alrededor de los montes; seis tribus en cada monte; como Moisés lo había mandado. (Deut.27:11-13.) Entonces el sumo sacerdote Eleazar se volvió hacia el monte Ebal y pronunció las maldiciones. Luego se volvió hacia el monte Gerizim, y pronunció las bendiciones. Los diez mandamientos fueron escritos sobre piedras en presencia de todo Israel.

Note que el altar fue construido en el monte Ebal, el monte de la maldición. Esto significaba que la ley que nos condenaba, fue mitigada por el Sacrificio de Cristo. Las maldiciones del monte Ebal hubieran sido ejecutadas inmediatamente, si no se hubiera hecho el sacrificio.

# ASTUCIA DE LOS GABAONITAS

Capitulo # 9

VERSOS 1-2

*Cuando oyeron estas cosas todos los reyes que estaban a este lado del Jordán, así en las montañas como en los llanos, en toda la costa del Mar Grande delante del Líbano, los heteos, los amorreos, cananeos, los ferezeos, heveos y jebuseos, se concertaron para pelear contra Josué e Israel.*

Hasta aquí los cananeos habían actuado a la defensiva; los agresores habían sido los israelitas. Mas ahora los reyes se han concertado para atacar a Israel. Ellos decidieron unir sus fuerzas para el ataque. Lo raro es que no lo hubieran hecho antes. No era un secreto para ellos que los israelitas se iban a quedar con Canaán. Ellos no sólo habían oído de la caída de Jericó y de Hai, sino también de la convención que tuvieron los israelitas en los montes Ebal y Gerizim.

Así unen los diferentes rangos de demonios contra la Iglesia de Cristo. En cada país pagano, levantan a los gobernantes en contra del evangelio y de sus ministros. Mas ellos saben que su derrota es segura, porque ya Cristo los derrotó en su Sacrificio y los exhibió ante los tres mundos, (Col. 2:15). Sin embargo, siempre hacen el intento para ver a quien pueden vencer.

*Verso 3-7:* "*Mas los moradores de Gabaón, cuando oyeron que lo que Josué había hecho a Jericó y a Hai, usaron de astucia; pues fueron y se fingieron embajadores, y tomaron sacos viejos sobre sus asnos, y cueros viejos de vino, rotos y remendados, y zapatos viejos y recosidos en sus pies, con vestidos viejos sobre sí; y todo el pan que traían para el camino era seco y mohoso.*

*"Y vinieron a Josué al campamento en Gilgal, y le dijeron a él y a los de Israel: Nosotros venimos de tierra muy lejana; haced, pues, ahora alianza con nosotros. Y los de Israel le respondieron a los heveos: Quizás habitáis en medio de nosotros. ¿Cómo, pues, podremos hacer alianza con vosotros?"*

Los heveos, de Gabaón eran más inteligentes que el resto de los cananeos. Ellos sabían que iban a perecer en manos de los israelitas. No había otra salida, sino entrar en un pacto con Israel para preservar la vida de su tribu, aunque fuera con engaños, lo intentarían. Ellos conocían el significado de un pacto, y lo sagrado que era. Esta era su única salvación.

Los demás reyes al oír de las victorias de Israel, se habían endurecido contra él, pero los Gabaonitas fueron movidos a buscar la paz. El mismo sol que ablanda la cera, endurece el barro. El mismo evangelio que es sabor de vida, a los que lo aceptan, es sabor de muerte a los que lo rechazan.

Los astutos heveos idearon un plan desesperado. Debían fingirse embajadores de una tierra lejana. Para ellos tomaron, cueros viejos de vino, pan mohoso y zapatos rotos. Ellos no vinieron con la pompa que distingue a los embajadores de nuestros países.

*Versos 8-10: "Ellos respondieron a Josué: Nosotros somos tus siervos, Y Josué les dijo: ¿Quienes sois vosotros, y de dónde venís? Y ellos respondieron: tus siervos han venido de tierra muy lejana, por causa del nombre de Jehová tu Dios; porque hemos oído su fama, y todo lo que hizo en Egipto, y todo lo que hizo a los dos reyes de los amorreos que estaban al otro lado del Jordán: A Sehón rey de Hesbón, y a Og, rey de Basán, que estaba en Astarot."*

La pregunta de Josué debió descorazonar a los heveos, y tal vez los asustó el hecho de ser descubiertos, pero como eran buenos mentirosos; y en ello les iba la vida, se defendieron como pudieron, y valientemente continuaron la lucha. Ellos apelaron al Dios de Israel, a su fama y su poder para destruir. Al hacer esto le dieron gloria y honra a Dios, pues estaban declarando que sus dioses no se podían comparar al Dios de Israel. Lo mejor entonces eran abandonarlos y abrazar al poderoso Dios de los israelitas.

*Verso 11-14: "Por lo cual nuestros ancianos y todos los moradores de nuestra tierra nos dijeron: Tomad en vuestras manos provisión para el camino, e id al encuentro de ellos y decidles: Nosotros somos vuestros siervos; haced ahora alianza con nosotros.*

*"Este nuestro pan lo tomamos caliente de nuestras casas para el camino el día que salimos para venir a vosotros; y helo aquí ahora ya seco y mohoso. Estos cueros de vino también los llenamos nuevos; helos aquí ya rotos; también nuestros vestidos y nuestros zapatos están ya viejos a causa de lo muy largo del camino."*

*"Y los hombres de Israel tomaron de las provisiones de ellos; y no consultaron a Jehová."*

Note la falta de madurez de Josué en casos de gente como aquella. El creyente debe estar muy atento a los engaños del diablo. Ellos reclamaban que venían de una tierra muy lejana, pero no le dieron a Josué el nombre de la tierra. Entonces mencionaron la salida de los israelitas de Egipto, la derrota de Sehón y de Og, reyes del este del Jordán, pero no mencionaron nada de Jericó, ni de Hai. Estaban dispuestos a ser tributarios de Israel.

El pueblo tomó de las provisiones de ellos, pero no consultaron a Jehová. ¿Cuántas veces hacemos nosotros lo mismo? Toda decisión debe ser llevada al Señor para su aprobación o desaprobación. Más a veces nos sentimos suficientes para obrar por cuenta propia y nos estrellamos en el fracaso.

*Verso 15: "Y Josué hizo paz con ellos, y celebró con ellos alianza concediéndoles la vida; y también lo juraron los príncipes de la congregación."*

El pacto fue hecho en el nombre de Jehová, y era un pacto sagrado, que no se podía violar aunque había sido obtenido con engaños. Gal. 3:15 dice: *Un pacto, aunque sea de hombre, una vez ratificado, nada le invalida ni le añade."*

El Señor guardó silencio mientras se celebraba el pacto, sin consultarle a él. Esta era una lección que tanto Josué como los ancianos y el pueblo debían aprender sin demora, para que no volvieran a hacer cosas sin consultar con el Señor y a la ligera. Ni Josué ni los sacerdotes consultaron el Urím y Tumím, el cual les hubiera revelado la verdad. El Señor muchas veces permanece en silencio y permite que hagamos errores de juicio para enseñarnos valiosas lecciones.

*Verso 16-19: "Pasados tres días después que hicieron alianza con ellos, oyeron que eran sus vecinos, y que habitaban en medio de ellos. Y salieron los hijos de Israel, y al tercer día llegaron a las ciudades de ellos; y sus ciudades eran Gabaón y Quiriat-jearim.*

*"Y no los mataron los hijos de Israel, por cuanto los príncipes de la congregación les habían jurado por Jehová el Dios de Israel. Y toda la congregación murmuraba contra los príncipes. Mas todos los príncipes respondieron a toda la congregación: Nosotros les hemos jurado por Jehová Dios de Israel; por tanto, ahora no les podemos tocar.*

A los tres días los israelitas se dieron cuenta que habían sido engañados. Los de Gabaón y Quiriat-jearim era los heveos; pero ya habían hecho pacto con ellos en el nombre del Señor. El pueblo murmuraba contra los príncipes y contra Josué. La transacción que habían hecho sin consultar a Jehová había traído turbación al pueblo. Esto es lo que sucede cada vez que nosotros hacemos algo sin haber orado, ni buscado la dirección del Señor.

*Verso 20-23: "Esto haremos con ellos: les dejaremos vivir, para que no venga ira sobre nosotros por causa del juramento que les hemos hecho. Dijeron, pues, de ellos los príncipes: dejadlos vivir; y fueron leñadores y aguadores para toda la congregación, concediéndoles la vida, según les habían prometido los príncipes.*

*"Y llamándolos Josué, les habló diciendo: ¿Por qué nos habéis engañado, diciendo: Habitamos muy lejos de vosotros, siendo así que moráis en medio de nosotros? Ahora, pues, malditos sois, y no dejará de haber entre vosotros siervos, y quien corte la leña y saque el agua para la casa de mi Dios."*

Los príncipes le perdonaron la vida a los gabaonitas por causa del pacto. Ellos debían ser leñadores y aguadores para toda la congregación de Israel. Con esto apaciguaron al pueblo. El pueblo ya tenía siervos que hicieran las pesadas tareas.

Si los gabaonitas renunciaban a la idolatría y se volvían siervos del pueblo de Dios, podían vivir. El pacto que habían sellado con ellos era inviolable. Josué les reprochó su engaño, y los maldijo por su falsedad, y los condenó a servir toda la vida como castigo por el engaño. Los gabaonitas habían comprado sus vidas con una mentira pero ahora son obligados a hacer el trabajo más duro. Si ellos hubieran venido a Josué con la verdad, implorando su misericordia, tal vez hubieran ganado más que con el engaño.

Como se vistieron de ropas y zapatos viejos para engañar, ahora son condenados a vivir en esas humildes condiciones, ellos y sus descendientes. La maldición que les cayó fue la de Génesis 9:25. "Siervo de siervos será a sus hermanos." ¿Se da cuenta que Dios está en control en todo lo que hace Josué? Aún de su desobediencia, para cumplir su Palabra dada 1451 años antes.

Los gabaonitas serían esclavos de los israelitas por sus generaciones. Para los levitas sería una gran bendición, pues se necesitaba una gran cantidad de leña para los sacrificios, así como de agua para cocinar y para la limpieza de los sacerdotes.

*Versos 24-27: "Y ellos respondieron a Josué y dijeron: Como fue dado a entender a tus siervos que Jehová tu Dios había mandado a Moisés su siervo que había de dar toda la tierra, y que había de destruir a todos los moradores de la tierra delante de vosotros, por esto temimos en gran manera a causa de vosotros, e hicimos esto.*

*"Ahora, pues, henos aquí en tu mano; lo que te pareciere bueno y recto hacer de nosotros, hazlo. Y él lo hizo así con ellos; pues los libró de la mano de los hijos de Israel, y no los mataron. Y Josué los destinó aquel día a ser leñadores y*

*aguadores para la congregación, y para el altar de Jehová en el lugar que Jehová eligiese, lo que son hasta hoy."*

Si Josué no hubiera intervenido, los soldados hubieran matado a los gabaonitas. Ellos se pusieron en las manos de Josué. Que él hiciera con ellos lo que era recto. Ellos conocían las leyes del pacto, por eso empeñaron sus vidas.

1 Sam. 22: 18-21 cuenta la historia de Saúl mandando a su siervo Doeg, de la descendencia de Esaú, a matar a los sacerdotes en Nob, la ciudad de los sacerdotes 389 años más tarde. Doeg mató 85 sacerdotes, con sus familias y sus animales. Entre ellos mataron a los gabaonitas que eran esclavos de los sacerdotes y a sus familias.

Cuarenta años más tarde, cuando David había reinado 34 años, Dios demandó la venganza contra la casa de Saúl por la violación del pacto de los gabaonitas. David tuvo que entregar los cinco sobrinos de Mical, y dos de Rizpa, concubina de Saúl, para ser ahorcados delante de Jehová. (2 Sam. 21:1-19.)

# DERROTA DE LOS AMORREOS

Capitulo # 10

VERSOS 1-6

*Cuando Adonisedec rey de Jerusalén oyó que Josué había tomado a Hai, y que la había asolado (como había hecho a Jericó y a su rey, así hizo a Hai y a su rey), y que los moradores de Gabaón habían hecho paz con los israelitas, y que estaban entre ellos, tuvo gran temor; porque Gabaón era una gran ciudad, como una de las ciudades reales, y mayor que Hai, y todos sus hombres eran fuertes.*

*"Por lo cual Adonisedec rey de Jerusalén, envió a Hoham rey de Hebrón, a Piream rey de Jarmut, a Jafía rey de Laquis y a Debir rey de Eglón, diciendo: Subid a mí y ayudadme, y combatamos a Gabaón; porque ha hecho paz con Josué y con los hijos de Israel.*

*"Y cinco reyes de los amorreos, el rey de Jerusalén, el rey de Hebrón, el rey de Jarmut, el rey de Laquis y el rey de Eglón, se juntaron y subieron, ellos con todos sus ejércitos, y acamparon cerca de Gabaón, y pelearon contra ella.*

*"Entonces los moradores de Gabaón enviaron a decir a Josué al campamento en Gilgal: No niegues ayuda a tus siervos; sube prontamente a nosotros para defendernos y ayudarnos; porque todos los reyes de los amorreos que habitan en los montes se han juntado contra nosotros."*

Josué y las huestes de Israel eran amos de Jericó por un milagro, de Hai por estratagema, y de Gabaón por rendirse, pero aún no se habían hecho los grandes progresos desde su entrada milagrosa a Canaán. Ahora cinco reyes se ponen de acuerdo para luchar contra Gabaón por haberse rendido en paz a los israelitas. Ellos rodearon la ciudad de Gabaón, una de las más grandes de Canaán. Esto nos recuerda como Satanás se enoja contra los que se convierten a Cristo.

Los gabaonitas clamaron a Josué por ayuda. Ellos eran sus socios de pacto, sus esclavos. Josué estaba en la obligación de ayudarlos. Sin embargo, el Dios que guarda el pacto estaba en control, moviendo los reyes para que fueran destruidos. Cuando nuestros enemigos espirituales se levantan contra nosotros, y tratan de tragarnos, vamos en oración a nuestro Josué, Cristo, por ayuda y socorro.

*Verso 7-8: "Y subió Josué de Gilgal, él y todo el pueblo de guerra con él, y todos los hombres valientes. Y Jehová dijo a Josué: No tengas temor de ellos porque yo los he entregado en tu mano, y ninguno de ellos prevalecerá delante de ti."*

Josué acudió con todo el pueblo en defensa de su nuevo socio del pacto. Aunque el pacto había sido ganado con engaños, él debía respaldarlos y defenderlos de los enemigos. Si no lo hacía debía responderle a Dios por ello.

*Verso 9-11: "Y Josué vino a ellos de repente, habiendo subido toda la noche desde Gilgal. Y Josué los llenó de consternación delante de Israel, y los hirió con gran mortandad en Gabaón; y los siguió por el camino que sube a Bet-horón, y los hirió hasta Azeca y Maceda.*

*Y mientras iban huyendo de los israelitas, a la bajada de Bet-horón, Jehová arrojó desde el cielo grandes piedras sobre ellos hasta Azeca, y murieron; y fueron más los que murieron por las piedras del granizo, que los que los hijos de Israel mataron a espada."*

Tal vez los cinco reyes cananeos pensaron que Josué no ayudaría a Gabaón. Por eso fue mayor su sorpresa cuando Josué los atacó de repente. Esto los llenó de confusión. Entonces Jehová usó una de sus armas de guerra, las piedras de granizo. Mientras los israelitas peleaban con la espada, Dios peleaba a pedradas desde arriba. Los soldados de Jerusalén, era los jebuseos, los de Laquis eran amorreos.

*Verso 12-13: "Entonces Josué habló a Jehová el día que entregó al amorreo o delante de los hijos de Israel, y dijo en presencia de los israelitas: Sol, detente en Gabaón, Y tú luna, en el valle de Ajalón. Y el sol se detuvo y la luna se paró, hasta que la gente se hubo vengado de sus enemigos. ¿No está escrito esto en el libro de Jaser? Y el sol se paró en medio del cielo, y no se apresuró a ponerse casi un día entero. Y no hubo día como aquel, ni antes, ni después de él, habiendo atendido Jehová la voz de un hombre, porque Jehová peleaba por Israel."*

Las piedras de granizo venían de la altura de las nubes, pero para demostrar que la ayuda de Israel venía de más arriba de las nubes, el Dios de Israel arrestó al sol y a la luna en su curso.

Antes la ciencia pensaba que no era posible arrestar al sol, especialmente desde que se descubrió que la tierra es la que da vueltas alrededor del sol, y no el sol alrededor de la tierra. Por ese descubrimiento dedujeron que el sol estaba en un lugar fijo. Sin embargo la ciencia moderna ha descubierto que si bien es cierto que la tierra le da vueltas al sol y se toma un año entero, el sol y su séquito de planetas viaja a una velocidad inusitada en medio de la galaxia la Vía Láctea, alrededor de algo que no sabemos qué es todavía.

Este fue uno de los mayores milagros del Antiguo Testamento. Un hombre de fe dio la orden, y el Dios de pacto obró el milagro. El sol y la luna se detuvieron en su curso. ¿Cómo lo hicieron? No es para nosotros saberlo. La ciencia no ha llegado a conocerlo aún. Esto pertenece a las cosas secretas de Dios.

Lo único que sabemos es que el que tiene poder para hacer crecer de una pequeña semilla de mostaza, a un gigantesco árbol, y de un invisible espermatozoide, un hombre, tiene poder para detener el universo entero para venir en ayuda de uno de sus hijos.

Este milagro ante los ojos del pueblo, aseguró más a Josué en su posición de líder, y al pueblo les dio confianza para continuar conquistando a Canaán. El libro de Jaser es una colección de poemas estatales escritos en esta ocasión, y fueron preservados entre el resto de los libros de las guerras del Señor: Josué, Jueces, 1 y 2 Reyes y 1 y 2 de Crónicas.

*Verso 15-19: " Y Josué, y todo Israel con él, volvió al campamento en Gilgal. Y los cinco reyes huyeron, y se escondieron en una cueva en Maceda. Y fue dado aviso a Josué que los cinco reyes habían sido hallados escondidos en una cueva en Maceda.*

*"Entonces Josué dijo: Rodad grandes piedras a la entrada de la cueva, y poned hombres junto a ella para que los guarden; y vosotros no os detengáis, sino seguid a vuestros enemigos, y heridles la retaguardia, sin dejarles entrar en sus ciudades; porque Jehová vuestro Dios los ha entregado en vuestra mano."*

Los cinco reyes huyeron despavoridos. Lo más cerca que encontraron fue una cueva. Lo mejor era esconderse de Josué y del Dios de Israel. Ellos nunca habían visto algo similar. Los dioses de ellos no eran tan fuertes como para luchar contra el Dios de los Israelitas; un Dios que detenía el sol y la luna en su curso para que no se pusieran en todo un día.

Aquel día había durado muchísimo. Además las piedras de granizo habían matado a una multitud de sus hombres de guerra. Esto era algo sobrenatural; lo mejor era escapar por su vida. Pero la cueva que buscaron para refugiarse se convirtió en su prisión.

*Verso 20-27: "Y aconteció que cuando Josué y los hijos de Israel acabaron de herirlos con gran mortandad hasta destruirlos, los que quedaron de ellos se metieron en las ciudades fortificadas. Todo el pueblo volvió sano y salvo a Josué, al campamento de Maceda; no hubo quien moviese su lengua contra ninguno de los hijos de Israel.*

*"Entonces dijo Josué: Abrid la entrada de la cueva, y sacad de ella a esos cinco reyes. Y lo hicieron así, y sacaron de la cueva a aquellos cinco reyes; al rey de Jerusalén, al rey de Hebrón, al rey de Jarmut, al rey de Laquis, y al rey de Eglón.*

*"Y cuando los hubieron llevado a Josué, llamó Josué a todos los varones de Israel, y dijo a los principales de la gente de guerra que habían venido con él: Acercaos, y poned vuestros pies sobre los cuellos de estos reyes. Y ellos se acercaron y pusieron sus pies sobre los cuellos de ellos.*

*"Y Josué les dijo: No temáis, ni os atemoricéis; sed fuertes y valientes, porque así hará Jehová a todos vuestros enemigos contra los cuales peleáis. Y después de esto Josué los mató, y*

*los hizo colgar en cinco maderos; y quedaron colgados en los maderos hasta caer la noche.*

*"Y cuando el sol se iba a poner, mandó Josué que los quitasen de los maderos, y los echasen en la cueva donde se habían escondido; y pusieron grandes piedras a la entrada de la cueva, las cuales permanecen hasta hoy."*

Note el triste fin de los cinco reyes que se levantaron contra Gabaón y contra Israel. La misma cueva en que habían buscado refugio, se convirtió en prisión, y ahora se convertiría en su sepulcro. Los cinco reyes fueron muertos primero, luego, crucificados, y ahora enterrados en la misma cueva.

Si estos cinco reyes se hubieran humillado ante los israelitas, tal vez hubieran sido hechos tributarios y no hubieran sufrido tan brutal muerte. Ellos tuvieron tiempo de arrepentirse, pero cuando lo hicieron fue muy tarde, ya el decreto estaba dado y no había lugar para arrepentimiento aunque los buscaron con lágrimas.

*Verso 28-30: "En aquel mismo día tomó Josué a Maceda, y la hirió a filo de espada y mató a su rey; por completo los destruyó, con todo lo que en ella tenía vida, sin dejar nada; e hizo al rey de Maceda como había hecho al rey de Jericó.*

*"Y de Maceda pasó Josué, y todo Israel con él, a Libna; y peleó contra Libna; y Jehová entregó también a ella y a su rey en manos de Israel; y la hirió a filo de espada, con todo lo que en ella tenía vida, sin dejar nada; e hizo a su rey de la manera que había hecho al rey de Jericó."*

Maceda era una pequeña ciudad cuyas ruinas incluyen varias cuevas. Libna era una ciudad real, que más tarde fue dada a los levitas en territorio de Judá. La muerte de los reyes era así;

primero los mataban y luego los crucificaban en una cruz, y dejaban allí los cuerpos a la vista de todos hasta la puesta del sol, entonces los enterraban.

Note que los israelitas no dejaban nada con vida en las ciudades que capturaban. ¿Se da cuenta ahora que los gabaonitas fueron los más inteligentes de todas las tribus de Canaán.?

*Versos 31-35:* *"Y Josué, y todo Israel con él pasó de Libna a Laquis, y acampó cerca de ella, y la combatió; y Jehová entregó a Laquis en mano de Israel, y la tomó al día siguiente, y la hirió a filo de espada, con todo lo que en ella tenía vida, así como había hecho en Libna.*

*"Entonces Horam rey de Gezer subió en ayuda de Laquis; mas a él y a su pueblo destruyó Josué, hasta no dejar a ninguno de ellos. De Laquis pasó Josué, y todo Israel con él, a Eglón; y acamparon cerca de ella y la combatieron; y la tomaron el mismo día, y la hirieron a filo de espada; y aquel día mató a todo lo que en ella tenía vida, como había hecho en Laquis.*

*"Subió luego Josué, y todo Israel con él, de Eglón a Hebrón, y la combatieron. Y tomándola, la hirieron a filo de espada, a su rey y a todas sus ciudades, como lo que en ella tenía vida, sin dejar nada; como había hecho a Eglón, así la destruyeron con todo lo que en ella tenía vida."*

Alguien puede preguntar: ¿Por qué si Dios es amor, permitía que todos, mujeres y niños inocentes, con sus animales, fueran pasados a espada? Podemos decirles que Dios estaba permitiendo que murieran los paganos para darle lugar a su pueblo Israel.

Los paganos eran el pueblo del diablo, por inocentes que fueran. Sus animales eran los animales del diablo. El diablo los controlaba y ellos le honraban. Dios no tenía pacto con ellos. La guerra aquí no era solamente entre los hombres, sino también entre Dios y el diablo. Los ángeles de Jehová con los demonios del diablo.

Así hoy, en el mundo hay dos familias: la familia de Dios y la familia del diablo. (1 Juan 5:19, Juan 8:44, Efesios 2:3.) Todo el que no le sirve a Cristo y se somete al evangelio, pertenece a la familia del diablo legalmente.

Dios amaba a los cananeos, pero ellos no le pertenecían legalmente. El pecado de Adán los había vendido a Satanás, y Dios no podía rescatarlos hasta que viniera Cristo a pagar por el pecado de Adán. Ahora todos los paganos tienen derecho a la salvación si aceptan a Cristo como su Salvador.

*Verso 38-43: "Después volvió Josué, y todo Israel con él, sobre Debir, y combatió contra ella; y la tomó, y a su rey, y a todas sus ciudades; y las hirieron a filo de espada, y destruyeron a todo lo que allí dentro tenía vida, sin dejar nada, como había hecho a Hebrón, y como había hecho a Libna y a su rey, así hizo a Debir y a su rey.*

*"Hirió, pues, Josué toda la región de las montañas, del Neguev, de los llanos y de las laderas, y a todos sus reyes, sin dejar nada; todo lo que tenía vida lo mató, como Jehová Dios de Israel lo había mandado. Y los hirió Josué, desde Cades-barnea hasta Gaza, y toda la tierra de Gosén hasta Gabaón.*

*"Todos estos reyes y sus tierras, los tomó Josué de una vez; porque Jehová el Dios de Israel peleaba por Israel. Y volvió Josué, y todo Israel con él, al campamento en Gilgal."*

Note el corto tiempo en que Josué tomó las ciudades. Estas eran ciudades amuralladas, pero no tenían tanta gente como Josué. Ellos pasaban como relámpagos destruyendo ciudades, que con sus puertas cerradas no le daban la bienvenida, ni trataban de buscar la paz. El destruyó tres ciudades de tres de los cinco reyes que habían venido contra Gabaón. Le faltaban dos; la de Jebus, o Jerusalén y la de Jarmut.

Las ejecuciones militares eran llevadas a cabo por mandato divino. Estas eran las guerras de Jehová. Los cananeos se habían dedicado a la idolatría y a las abominaciones que Dios odia. Ya ellos había colmado la copa de la ira divina Estas guerras de Jehová culminarán con la guerra del Armagedón, y la destrucción de los impenitentes e implacables enemigos del Señor Jesús, encabezados por el Anticristo.

# DERROTA DE LA ALIANZA DE JABIN

Capitulo # 11

VERSOS 1-5

*Cuando oyó esto Jabín rey de Hazor, envió mensaje a Jobab rey de Madón, al rey de Simrón, al rey de Acsaf, y a los reyes que estaban en la región del norte en las montañas, y en el Arabá al sur de Cineret, en los llanos, y en la regiones de Dor al occidente; y al ananeo que estaba al oriente y al occidente, al amorreo, al heteo, al ferezeo, al heveo al pie de Hermón en la tierra de Mizpa.*

*"Estos salieron, y con ellos todos sus ejércitos, mucha gente, como la arena que está a la orilla del mar en multitud, con muchísimos caballos y carros de guerra. Todos estos reyes se unieron, y vinieron y acamparon unidos junto a las aguas de Merón, para pelear contra Israel."*

Aquí tenemos la historia de otra de las campañas que Josué hizo, no menos gloriosa que la primera, aunque respecto a los milagros fuera inferior. Los milagros que Dios hizo en la primera, fueron para animarlos a continuar luchado.

Las guerras del Señor no han terminado. En el día presente continúan en la vida de los creyentes. Los creyentes no tienen lucha contra sangre ni carne, sino contra poderes, principados, gobernadores, potestades y huestes de maldad desplegadas contra la Iglesia en el campo de batalla celeste. (Efesios 6:12.15.)

Cuando termina una prueba y un conflicto para el creyente, el diablo está preparando otro. El creyente está trabajando con el

Señor en despejar los aires de estas fuerzas satánicas, hasta que todos sean puestos por estrado de los pies de Cristo. (Heb. 10:13.)

Los reyes cananeos del norte fueron los agresores. La mayoría de los reyes del sur habían sido derrotados. Ahora se reúnen muchos reyes para luchar contra Israel. Ellos vienen con caballos, carros y una gran multitud de soldados. Israel, con Judá a la cabeza, está agazapado como león listo a saltar sobre la presa.

Cananeos del este y el oeste; Amorreos, Heteos, y Ferezeos se unen en contra del enemigo común, Israel. La unidad de los enemigos de la Iglesia debe avergonzar a los cristianos, quienes están divididos por credos, doctrinas y mandamientos de hombres.

Hazor era el líder de todos los reinos. Su rey es Jabín. Esta confederación de tribus y reyes formaban un ejército más formidable que los del sur. Josefo dice que aquel ejército consistía de 300,000 hombres a pie, 10,000 a caballo y 20,000 carros. Ellos estaban seguros de la victoria. Pero ¿qué eran 330,000 contra los 600,000 de Israel? ¿Y qué son todos los hombres del mundo, y los demonios del reino espiritual contra Jehová de los ejércitos, quien pelea por el Israel espiritual; la Iglesia?

*Verso -6-9: "Mas Jehová dijo a Josué: No tengas temor de ellos, porque mañana a esta hora yo entregaré a todos ellos muertos delante de Israel; desjarretarás sus caballos, y sus carros quemarás a fuego. Y Josué y toda la gente de guerra con él, vino de repente contra ellos junto a las aguas de Memron.*

> *"Y los entregó Jehová en manos de Israel, y los siguieron hasta Sidón la grande y hasta Misrefotmaim, y hasta el llano de Mizpa al oriente, hiriéndolos hasta que no les dejaron ninguno. Y Josué hizo con ellos como Jehová le había mandado: desjarretó sus caballos, y a sus carros quemó a fuego."*

Josué con sus ejércitos atacaron, y los enemigos huyeron por varios caminos. Algunos huyeron hacia Sidón, al norte; otros, hacia Mizpa, al este, pero los ejércitos de Josué los siguieron en ambas direcciones. Así el Dios de Israel los entregó en sus manos. El no los entregó en manos de Israel para que fueran tributarios, sino para que fueran sacrificados a la justicia divina.

Ahora yo me pregunto: ¿Qué hubiera sucedido si el pueblo de Israel se hubiera cruzado de brazos en espera de que Jehová sólo hiciera el trabajo por ellos? Bien, esta es la condición de la Iglesia hoy.

La mayoría de los creyentes no están adiestrados para atacar a los enemigos espirituales que se levantan contra ellos. Es más, millones de creyentes han sido tomados cautivos, y se han vuelto tributarios por medio de sus miedos y falta de conocimiento de la Palabra de Dios, por causa de los pastores ineptos, que en vez de preparar al rebaño para la batalla, lo han preparado para la derrota.

El pueblo de Dios no debe volverse víctima de las circunstancias, sino victimario. El debe atacar, no simplemente defenderse. ¡Que el Señor levante un ejército poderoso, adiestrado en la Palabra, que presente un frente sólido contra las artimañas y los engaños del diablo! ¡Para eso fue que Cristo nos salvó!

El pueblo de Israel debía luchar, pelear y ser valiente. Cruzado de brazos no hubiera prevalecido. Dios le decía: Ataca. Y ellos obedecían. Dios le decía : Mata. Y ellos mataban. Matad: dice Dios en Col. 3:5 a los creyentes. "Matad, pues, lo terrenal en vosotros: fornicación, impureza, pasiones desordenadas, malos deseos y avaricia, que es idolatría." Estos son algunos de los cananeos que hay que matar en nosotros.

*Verso 10-15: "Y volviendo Josué, tomó al mismo tiempo a Hazor, y mató a espada a su rey; pues Hazor había sido antes cabeza de todos estos reinos. Y mataron a espada a todo cuanto en ella tenía vida, destruyéndolo por completo, sin quedar nada que respirase; y a Hazor pusieron fuego.*

*"Asimismo tomó Josué todas las ciudades de aquellos reyes, y a todos los reyes de ellas, y los hirió a filo de espada, y los destruyó, como Moisés siervo de Jehová lo había mandado. Pero a todas las ciudades que estaban sobre colinas, no las quemó Israel; únicamente a Hazor quemó Josué. Y los hijos de Israel tomaron para sí todo el botín de aquellas ciudades; mas a todos los hombres hirieron a filo de espada hasta destruirlos, sin dejar alguno con vida.*

*"De la manera que Jehová lo había mandado a Moisés su siervo, así Moisés lo mandó a Josué; y así Josué lo hizo, sin quitar palabra de todo lo que Jehová había mandado a Moisés."*

Parece que Jabín, rey de Hazor, había escapado con vida y había regresado a su casa. Josué lo persiguió hasta su casa y allí lo mató, y quemó la ciudad. Más tarde la ciudad fue reconstruida, pues vemos que 135 años después se levantó otro rey con el nombre de Jabín, cuyo general se llamaba Sisara. (Jueces 4:1-2.)

Las demás ciudades no fueron quemadas para que se cumpliese Deut. 6:10. Ellos mataron a todo lo que tenía vida para que no infectase con su idolatría y las abominaciones de Canaán a la recién establecida nación de Israel. Los soldados tomaron el botín para ellos. "Las riquezas de los pecadores vienen a ser de los justos." Los niños eran matados para que luego no reclamaran la tierra de sus padres.

*Verso 16-20: "Tomó, pues, Josué toda aquella tierra, las montañas, todo el Neguev, toda la tierra de Gosén, los llanos, el Arabá, las montañas de Israel y sus valles. Desde el monte Halaco, que sube hacia Seir, hasta Baal-gad en la llanura del Líbano, a la falda del monte Hermón: tomó asimismo a todos sus reyes, y los hirió y los mató. Por mucho tiempo tuvo guerra Josué con estos reyes.*

*No hubo ciudad que hiciese paz con los hijos de Israel, salvo los heveos que moraban en Gabaón; todo lo tomaron en guerra. Porque esto vino de Jehová, que endurecía el corazón de ellos para que resistiesen con guerra a Israel, para destruirlos, y que no les fuese hecha misericordia, sino que fuesen desarraigados, como Jehová lo había mandado a Moisés."*

No hubo quien hiciese paz con Israel, salvo Gabaón. Dios mismo era quien endurecía el corazón de los reyes de Canaán para destruirlos y desarraigarlos. Esto fue lo que le hizo al Faraón de Egipto. Josué peleó contra el resto de los reyes por cinco años. Ellos habían endurecido su corazón con su orgullo, y Dios se lo endureció más para destrucción. La dureza del corazón, que comienza con el orgullo, es la ruina de los pecadores.

*Verso 21-23: "También en aquel tiempo vino Josué y destruyó a los anaceos de los montes de Hebrón, de Debir, de Anab, de todos los montes de Judá y de todos los montes de Israel; Josué los destruyó a ellos y a sus ciudades.*

*"Ninguno de los anaceos quedó en la tierra de los hijos de Israel; solamente quedaron es Gaza, en Gat y en Asdod. Tomó, pues, Josué toda la tierra, conforme a todo lo que Jehová había dicho a Moisés; y la entregó Josué a los israelitas por herencia conforme a su distribución según sus tribus; y la tierra descansó de la guerra."*

Ninguno de los anaceos, los gigantes descendientes de Anak quedaron en la tierra. Solamente quedaron en tres ciudades. Sin embargo ya estaban señalados para ruina. Dios los dejó para más tarde, cuando los israelitas fueran más expertos en la guerra.

Los gigantes son enanos frente al Señor. No dejemos que nos amedrenten. El Señor reserva las pruebas más grandes para cuando estamos maduros. La muerte, ese tremendo hijo de Anak, será el último enemigo en ser destruido.

# REYES DERROTADOS POR MOISES

Capitulo # 12

VERSOS 1-6

*stos son los reyes de la tierra que los hijos de Israel derrotaron y cuya tierra poseyeron al otro lado del Jordán hacia donde nace el sol, desde el arroyo de Arnón hasta el monte Hermón, y todo el Arabá al oriente: Sehón rey de los amorreos, que habitaba en Hesbón, y señoreaba desde Aroer que está a la ribera del arroyo de Arnón, y desde el medio del valle, y la mitad de Galaad, hasta el arroyo de Jaboc, término de los hijos de Amón;*

*"Y el Arabá hasta el mar de Cineret, al oriente; y hasta el mar del Arabá, el Mar Salado, al oriente, por el camino de Bet-jesimot, y desde el sur al pie de las laderas del Pisga. Y el territorio de Og rey de Basán, que había quedado de los refaítas, el cual habitaba en Astarot y en Edrei, y dominaba en el monte Hermón, en Salca, el todo Basán hasta los límites de Gesur y de Maaca, y la mitad de Galaad, territorio de Hesbón.*

*"A éstos derrotaron Moisés siervo de Jehová y los hijos de Israel; y Moisés siervo de Jehová dio aquella tierra en posesión a los rubenitas, a los gaditas y a la media tribu de Manasés."*

Antes de sumar sus conquistas, Josué procede a sumar las de Moisés. No se debían olvidar las maravillosas conquistas que Dios le dio a aquel buen líder. Los reyes Sehón y Og, los cuales fueron derrotados bajo el liderazgo de Moisés, eran sólo dos, pero poseían todo el territorio del este del Jordán, desde el río Arnón, hasta el monte Hermón en el Líbano. En sus territorios había multitud de gigantes, los cuales ellos destruyeron.

Las ciudades de Edrei y Astarot eran ciudades reales. Og tenía palacios en ambas ciudades. Israel las tomó ambas y le dio una sola sepultura a Og. Moisés dividió todo aquel territorio entre las tribus de Rubén, Gad y la media tribu de Manasés. Del río Arnón a Hesbón fue el territorio de Rubén. De Hesbón al río Jaboc lo dio a la tribu de Gad. Y del río Jaboc al río Jarmuk, lo dio a la media tribu de Manasés.

*Versos 7-24: "Y estos son los reyes de la tierra que derrotaron Josué y los hijos de Israel a este lado del Jordán hacia el occidente, desde Baal-gad en el llano del Líbano hasta el monte Halac que sube de Seir; y Josué dio la tierra en posesión a las tribus de Israel, conforme a su distribución: en las montañas, en los valles, en el Arabá, en las laderas, en el desierto y en el Neguev; el heteo, el amorreo, el cananeo, el ferezeo, el heveo, y el Jebuseo.*

Aquí tenemos el límite de las conquistas de Josué. Estaba en el Oeste del Jordán por el Este, y el Mar Mediterráneo por el Oeste, y se extendía desde Edom al Sur hasta el Líbano, en el Norte.

La variedad de tierras que había en Canaán contribuían a su belleza. Había montañas fructíferas, no rocosas ni estériles, las cuales daban placer al ojo que las miraba, y al trabajador que las trabajaba. Habían valles cubiertos de trigo. Había laderas con manantiales de aguas. También había bosques y selvas para los animales, en cuyas fronteras había casas.

De aquellas bellezas naturales habían disfrutado por siglos los descendientes de Canaán el nieto maldecido de Noé. Siete naciones, aunque falta aquí la de los gergeseos, (Gén. 10-16.) Tal vez esta tribu se incorporó a las otras desapareciendo como nación, o como dice la tradición judía, se fueron al África huyendo de Josué.

*Verso 9-24: " El rey de Jericó, uno; el rey de Hai, que está al lado de Bet-el, otro; el rey de Jerusalén, otro; el rey de Hebrón, otro; el rey de Jarmut, otro; el rey de Laquis, otro; el rey de Eglón, otro;, el rey de Gezer, otro; el rey de Debir, otro; el rey de Geder, otro; el rey de Horma, otro; el rey de Arad, otro; el rey de Libna, otro; el rey de Adulam, otro;*

*" El rey de Maceda, otro; el rey de Bet-el, otro; el rey de Tapúa, otro; el rey de Hefer, otro; el rey de Afec, otro; el rey de Sarón, otro; el rey de Madón, otro; el rey de Azor, otro; el rey de Simrón-merón, otro; el rey de Acsaf, otro; el rey de Taanac, otro; el rey de Megido, otro; el rey de Cedes, otro; el rey de Josnean del Carmelo, otro; el rey de Dor, de la provincia de Dor, otro; el rey de Goim en Gilgal, otro, el rey de Tirsa, otro; treinta y un reyes por todos."*

Esta es la lista de los reyes que fueron conquistados y subyugados por la espada de Israel, algunos en el campo de batalla, otros en sus ciudades. 31 reyes contados, comenzando por el rey de Jericó y el Hai, y continúa con el de Jerusalén y los reyes confederados del sur y termina con los confederados del norte.

La tierra de Canaán era tan fértil que podía mantener tantos reinos, que deseaban permanecer unos junto a los otros en vez de buscar establecerse en territorios no habitados aún. Esta era la tierra que espiaba el Dios de Israel para darla a su pueblo.

Sin embargo, desde el rechazo de Cristo, hasta hace poco, se había vuelto una tierra estéril, inhóspita y despreciable. El regreso de los judíos a Israel está haciendo posible que la tierra vaya volviendo poco a poco a lo que era antes.

Aquí estaban treinta y un reinos para ser divididos entre las nueve tribus y media de Israel. En lo que le tocó a Judá estaban los reinos de Hebrón, Jarmut, Laquis, Eglón, Debir, Arad, Libna, y Adulam; ocho por todos, además de parte de Jerusalén y parte de Geder.

A Benjamín le tocó: Jericó, Hai, Jerusalén, Maceda, Bet-el y Gilgal: seis reinos. A Simeón le tocó Horma, y parte de Geder. A Efraín le tocó Gezer y Tirsa. A la media tribu de Manasés le tocó Tapúa y Hefer, Taanac y Megido. A Aser le tocó Afec y Acsaf. Zabulón le tocó, Sarón, Simrón-merón y Jocnean. A Negftalí le tocó Madón, Hazor, y Cedes. A Isacar le tocó Dor. Estos son algunos de los reyes que Dios mató para darles la tierra por heredad a los Israelitas, porque su misericordia permanece para siempre.

# TIERRA AUN SIN CONQUISTAR

Capitulo # 13

VERSOS 1-6

*Siendo Josué ya viejo, entrado en años, Jehová le dijo: Tú eres ya viejo, de edad avanzada, y queda aún mucha tierra por poseer. Esta es la tierra que queda: todos los territorios de los filisteos, y todos los de los gesureos; desde Sihor, que está en el oriente de Egipto, hasta Ecrón al norte, que se considera de los cananeos; de los cinco príncipes de los filisteos, el gazeo, el asdodeo, el escaloneo, el geteo, y el ecroneo; también los aveos; al sur toda la tierra de los cananeos, y Mehara, que es de los sidonios, hasta Afec, hasta los límites del amorreo;*

*"La tierra de los giblitas y todo el Líbano hacia donde sale el sol, desde Baal-gad al pie del monte Hermón, hasta la entrada de Hamat; todos los que habitan en las montañas desde el Líbano hasta Misrefot-maim, todos los sidonios; yo los exterminaré delante de los hijos de Israel; solamente repartirás tú por suerte el país a los israelitas por heredad, como te he mandado."*

Josué ya estaba viejo: pasaba de ochenta y cinco años, y no era de la misma constitución que Moisés. En los seis años que hacía que estaba en Canaán, había conquistado mucha tierra, pero faltaba mucha más sin conquistar. Así como él había entrado en las labores de Moisés debía dejar que otros entraran en sus labores. El debía proceder a repartir la tierra conquistada y a establecer las tribus antes de morir.

La tierra de los filisteos tenía cinco reyes, y su tierra estaba al oeste, lo mismo que las de los sidonios. Otras tierras estaban al este, y algunas al norte. Los israelitas no debían tener el tiempo para hacer pactos con ninguno de ellos.

*Verso 7-13:* *"Reparte, pues, ahora esta tierra en heredad a la nueve tribus, y a la media tribu de Manasés. Porque los rubenitas y gaditas y la otra mitad de Manasés, recibieron ya su heredad, la cual les dio Moisés al otro lado del Jordán al oriente, según se la dio Moisés siervo de Jehová,*

*"Desde Aroer, que está a la orilla del arroyo de Arnón, y a la ciudad que está en medio del valle, y toda la llanura de Medeba, hasta Dibón; todas las ciudades de Sehón rey de los amorreos, el cual reinó en Hesbón, hasta los límites de los hijos de Amón;*

*"Y Galaad, y los territorios de los gesureos y de los macateos, y todo el monte Hermón, y toda la tierra de Basán hasta Salca; todo el reino de Og en Basán, el cual reinó en Astarot y en Edrei, el cual había quedado del resto de los refaítas; pues Moisés los derrotó, y los echó. Mas los gesureos y los maacateos no los echaron los hijos de Israel, sino que Gesur y Maaca habitaron entre los israelitas hasta hoy."*

Los israelitas ya no iban a vivir en comunidad, cada tribu en su tierra. Josué no debía dividirla como el quisiera, sino según la voluntad del Señor, por eso debía ser por suerte. El debía presidir la división. Aunque la tierra había sido obtenida por conquista, debía ser dividida como herencia.

Gesur era un territorio cerca de Basán, el cual no había sido conquistado. Maaca era un territorio al norte del territorio de Manasés. Dios le prometió echar los habitantes de todas las tierras delante de los Israelitas. Así nosotros debemos resistir a nuestros enemigos espirituales, hasta que Dios los ponga debajo de nuestros pies.

*Verso 14-23: "Pero a la tribu de Leví no dio heredad; los sacrificios de Jehová Dios de Israel, son su heredad, como él les había dicho. Dio, pues, Moisés a la tribu de los hijos de Rubén conforme a sus familias.*

*"Y fue el territorio de ellos desde Aroer, que está a la orilla del arroyo de Arnón, y la ciudad que está en medio del valle, y toda la llanura hasta Medeba; Hesbón, con todas sus ciudades que están en la llanura; Dibón, Bamot-baal-meón, Jahaza, Cademot, Mefaat, Quiriataim, Sibna, Zaret-sahar en el monte del valle, Bet-peor, las laderas del Pisga, Bet-jesimot, todas las ciudades de la llanura, y todo el territorio de los amorreos, que reinó en Hesbón, al cual derrotó Moisés, y a los príncipes de Madián, Evi, Requem, Zur, Hur y Reba, príncipes de Sehón que habitaban en aquella tierra.*

*"También mataron a espada los hijos de Israel a Balaam el adivino, hijo de Beor, entre los demás que mataron. Y el Jordán fue el límite del territorio de los hijos de Rubén. Esta fue la heredad de los hijos de Rubén conforme a sus familias, estas ciudades con sus aldeas."*

La tribu de Leví no tuvo heredad a Canaán. Su heredad era Jehová. Ellos vivirían dedicados al servicio del santuario y a instruir a Israel acerca de la Palabra de Dios. Dios los sostendría de los sacrificios, diezmos y ofrendas del resto de las tribus. A Rubén le tocó el territorio que controlaba Sehón, rey amorreo, con sus ciudades. Aquí se menciona la muerte de Balaán, el adivino, por haberse vendido por dinero a hacer el mal a Israel.

*Verso 24-28: "Dio asimismo Moisés a la tribu de Gad, a los hijos de Gad, conforme a sus familias. El territorio de ellos fue Jazer, y todas las ciudades de Galaad, y la mitad de la tierra de los Hijos de Amón, hasta Aroer, que esté enfrente de Rabá.*

*"Y desde Hesbón hasta Ramat-mizpa, y Betonim; y desde Mahanaim hasta el límite de Debir; y en el valle, Bet-aram, Bet-nimra, Sucot y Zafón, resto del reino de Sehón rey de Hesbón; el Jordán y su límite hasta el extremo del mar de Cineret al otro lado del Jordán, al oriente. Esta es la heredad de los hijos de Gad por sus familias, estas ciudades con sus aldeas."*

El territorio de Gad estaba al norte del de Rubén. El mismo tenía montañas y valles. En ella estaba Galaad, tan famosa por sus bálsamos. A él le tocó también Penuel y Sucot, de las cuales leemos en la historia de Gedeón. También es famosa por la historia de la derrota de los efrainitas por Jefté; y fue el lugar donde el ejército de David derrotaron a los de Abasalón, mientras David se refugiaba en Mahanaim.

Sarón, tan famosa por sus rosas, pertenecía a este territorio. Y en los límites de esta tierra estaba la tierra de los Gadarenos, que amaron más sus cerdos que al Salvador. Ellos fueron llamados gergeseos, lo cual le quedaba mejor que el nombre de israelitas.

*Versos 29-33. "También dio Moisés heredad a la media tribu de Manasés; y fue para la media tribu de los hijos de*

*Manasés, conforme a sus familias. El territorio de ellos fue desde Mahanaim, todo Basán, todo el reino de Og rey de Basán, y todas las aldeas de Jair que están en Basán, sesenta poblaciones. Y la mitad de Galaad, y Astarot, y Edrei, ciudades del reino de Og en Basán, para los hijos de Maquir conforme a sus familias.*

*"Esto es lo que Moisés repartió en heredad en los llanos de Moab, al otro lado del Jordán de Jericó, al oriente. Mas a la tribu de Leví no dio Moisés heredad; Jehová Dios de Israel es la heredad de ellos, como él les había dicho."*

El territorio que le tocó a la media tribu de Manasés era famoso por sus cedros, y por su ganado. Esta tribu recibió su tierra al norte de Gad, y llegaba hasta el monte Hermón. De allí vinieron Jefté y Elías. En la frontera de esta tribu estaba Corazín, la ciudad que fue honrada por los milagros de Cristo.

Dos veces en este capítulo se menciona el hecho de que Moisés no le dio herencia a los levitas. Si Dios hubiera deseado que ellos hubieran tenido heredad entre las tribus, Moisés le hubiera dado a ellos primero; no porque fuera su tribu, sino porque era la tribu de Dios.

Mas Dios determinó que los levitas fueran esparcidos entre todas las tribus, para que fueran sostenidos por ellas, y para que les ministraran la palabra de Dios. Ellos eran los ministros de Dios.

# CANAAN REPARTIDA EN SUERTE

Capitulo # 14

VERSOS 1-6

*Esto, pues, es lo que los hijos de Israel tomaron por heredad en la tierra de Canaán, lo cual les repartieron el sacerdote Eleazar y Josué hijo de Nun, y los cabezas de los padres de las tribus de los hijos de Israel.*

*"Por suerte se les dio su heredad, como Jehová había mandado a Moisés que se diera a las nueve tribus y a la media tribu. Porque a las dos tribus y la media tribu le había dado Moisés heredad al otro lado del Jordán; mas a los levitas no le dio heredad entre ellos.*

*"Porque los hijos de José fueron dos tribus, Manasés y Efraín; y no dieron parte a los levitas en la tierra, sino ciudades en que morasen, con los ejidos de ellas para sus ganados y sus rebaños. De la manera que Jehová lo había mandado a Moisés, así lo hicieron los hijos de Israel en el repartimiento de la tierra."*

Había llegado el momento de distribuir la tierra entre las nueve tribus y media, al lado oeste del Jordán. Aunque todos los israelitas habían luchado en la guerra, ninguno podía ir a apoderarse de la tierra hasta que le fuera dada por suerte.

Este trabajo era de Eleazar, Josué y los ancianos de cada tribu. Así como en los días de Peleg, la tierra fue divida en continentes e islas para que los hijos de Noé la poseyeran, la tierra de Canaán debía ser dividida para que las tribus las poseyera.

*Versos 6-12:* *"Y los hijos de Judá vinieron a Josué en Gilgal; y Caleb hijo de Jefone, ceneceo, le dijo: Tú sabes lo que Jehová dijo a Moisés varón de Dios, tocante a mí y a ti. Yo era de edad de cuarenta años cuando Moisés siervo de Jehová me envió de Cades-barnea a reconocer la tierra; y yo le traje noticias como lo sentía en mi corazón.*

*"Y mis hermanos, los que habían subido conmigo, hicieron desfallecer el corazón del pueblo; pero yo cumplí siguiendo a Jehová mi Dios. Entonces Moisés juró diciendo: Ciertamente la tierra que holló tu pie será para ti, y para tus hijos en herencia perpetua, por cuanto cumpliste siguiendo a Jehová mi Dios.*

*"Ahora bien, Jehová me ha hecho vivir, como él dijo, estos cuarenta y cinco años, desde el tiempo que Jehová habló estas palabras a Moisés, cuando Israel andaba por el desierto; y ahora, he aquí, hoy soy de edad de ochenta y cinco años.*

*"Todavía estoy fuerte, como el día que Moisés me envió; cual era mi fuerza entonces, tal es ahora mi fuerza para la guerra, y para salir, y para entrar. Dame, pues, este monte, del cual habló Jehová aquel día; porque tú oíste en aquel día que los anaceos están allí, y que hay ciudades fortificadas. Quizá Jehová estará conmigo, y los echaré, como Jehová ha dicho."*

Antes de que se echaran las suertes para ver que lugar le pertenecía a cada tribu, llegó Caleb, el anciano de la tribu de Judá, de ochenta y cinco años, la misma edad de Josué. Ellos dos fueron los únicos que quedaron con vida de los soldados que salieron de Egipto con Moisés. Ellos eran los más ancianos de los israelitas.

Caleb le recuerda a Josué la promesa que Dios le había hecho en aquella ocasión, cuando regresaron los 12 espías que habían ido a Canaán. El fue uno de los dos que dio buenas noticias, el otro era Josué mismo. Los otros diez hicieron desfallecer al pueblo, lo que trajo el juicio sobre todos los mayores de veinte años de morir en el desierto sin poder entrar a Canaán.

Este venerable anciano, pide lo que Jehová le había dado; el monte Hebrón. El dijo: Dame este monte. En Num.34: 18-19 dice que Caleb era uno de los que debía repartir las tierras a las tribus. Caleb sabía que los anaceos, los gigantes descendientes de Anak moraban en Horeb, pero él no teme. Sabe que las ciudades están bien protegidas por altar murallas, pero él no teme. Su fe está en Jehová. El los echará.

Esto nos enseña a recordarle las promesas al Señor en oración, y a no temer ninguna circunstancia adversa. "Si Dios es por nosotros, ¿Quién contra nosotros." "Dame este monte." "Con la ayuda del Señor derribaré los muros, y destruiré sus gigantes."

*Verso 13-15: "Josué entonces le bendijo, y dio a Caleb hijo de Jefone a Hebrón por heredad. Por tanto, Hebrón vino a ser heredad de Caleb hijo de Jefone cenezeo, hasta hoy, por cuanto había seguido cumplidamente a Jehová Dios de Israel. Mas el nombre de Hebrón fue antes Quiarit-arba; porque Arba fue un hombre grande entre los anaceos. Y la tierra descansó de la guerra."*

Josué bendijo a Caleb, su viejo compañero de espionaje y de lucha en el desierto, y le concedió lo que le pedía, pues era justo. En el monte, la ciudad principal era Quiarit-arba, y fue en ese lugar que Sara había muerto, y contenía la tumba de

Macpela, donde estaban enterrados Abraham, Isaac y Jacob y Lea. Esa ciudad fue ciudad de sacerdotes, ciudad de refugio, Jos. 20:7.

Fue en Hebrón, en Quiarit-arba, donde vivía Zacarías y Elizabeth, que María concibió al Señor Jesús, por el Espíritu Santo. En Hebrón también había concebido Sara, Rebeca y Lea.

# EL TERRITORIO DE JUDA

Capitulo # 15

*VERSOS 1-12*

*La parte que le tocó en suerte a la tribu de los hijos de Judá, conforme a sus familias, llegaba hasta la frontera de Edom, teniendo el desierto de Zin al sur como extremo meridional. Y su límite por el lado del sur fue desde la costa del Mar Salado desde la bahía que mira hacia el sur; y salía hacia el sur de la subida de Acrabim, pasando hasta Zin; y subiendo por el sur hasta Cades-barnea, pasaba a Hezrón, y subiendo por Adar daba vuelta a Carca.*

*"De allí pasaba a Asmón, y salía al arroyo de Egipto, y terminaba en el mar. Este, pues os será el límite del sur. El límite oriental es el mar salado hasta la desembocadura del Jordán. Desde la bahía del mar en la desembocadura del Jordán; y sube este límite por el Bet-hogla, y pasa al norte de Bet-arabá, y de aquí sube de Bohán hijo de Rubén.*

*"Luego sube a Debir desde el valle de Acor; y al norte mira sobre Gilgal, que está enfrente de la subida de Adumín, que está al sur del arroyo; y pasa hasta las aguas de Ensemes, y sale a la fuente de Rigel. Y sube este límite por el valle del hijo de Hinón al lado sur del jebuseo, que es Jerusalén.*

*"Luego sube por la cumbre del monte que está enfrente del valle de Hinón hacia el occidente, el cual está al extremo del valle de Refaín, por el lado del norte. Y rodea este límite desde la cumbre del monte hasta la fuente de las aguas de Neftoa, y*

*sale a las ciudades del monte de Efrón, rodeando luego a Baala, que es Quiriat-jearín.*

*Después gira este límite desde Baala hacia el occidente al monte de Seir; y pasa al lado del monte de Jearim hacia el norte, el cual es Quesalón, y desciende a Bet-semes, y pasa a Timna. Sale luego al lado de Ecrón hacia el norte; y rodea a Sicrón, y pasa por el monte de Baala, y sale a Jabnel y termina en el mar. El límite occidental es el Mar Grande. Este fue el límite de los hijos de Judá, por todo el contorno, conforme a sus familias."*

Como la tribu de Judá era una de las más grandes, se le adjudicó mucho territorio. Sus límites eran; al oeste, el Mar Mediterráneo. Al norte, hasta Bet-semes, Quiarit-jearim, y Jerusalén. Al sur: hasta el río Besor y hasta el sur del Mar Muerto. Después de repartirse el territorio, entonces se repartiría a cada familia su parte de acuerdo al número de cada una.

*Versos 13-15: "Mas a Caleb, hijo de Jefone dio su parte entre los hijos de Judá, conforme al mandamiento de Jehová a Josué; la ciudad de Quiarit-arba padre de Anac, que es Hebrón. Y Caleb echó de allí a los tres hijos de Anac, a Sesai, Ahimán y a Timai, hijos de Anac. De aquí subió contra los que moraban en Debir; y el nombre de Debir era antes Quiarit-sefer."*

Josué no incluyó en las suertes del repartimiento de la tierra el monte Hebrón, porque ya Jehová se lo había prometido a Caleb. Es cierto que Hebrón formaba parte de la tierra que le tocaba a Judá. Enseguida que Caleb obtuvo su monte, con sus grandes ciudades, procedió a ocuparlo. El echó de ella a los tres gigantes hijos de Anac. Su estatura no pudo sostenerlos ante el poder de Dios que estaba con Caleb y los suyos.

Aquí aprendemos que no importa lo gigantescas que sean las circunstancias, no pueden sostenerse ante un creyente lleno de fe en el poder del Nombre de Jesús en sus labios.

*Verso 16-19: "Y dijo Caleb: Al que atacare a Quiarit-sefer, y la tomare, yo le daré a mi hija Acsa por mujer. Y la tomó Otoniel, hijo de Cenaz hermano de Caleb; y él le dio su hija Acsa por mujer.*

*"Y aconteció que cuando la llevaba, él la persuadió que pidiese a su padre tierras para labrar. Ella entonces se bajó del asno. Y Caleb le dijo: ¿Qué tienes? Y ella le respondió: Concédeme un don; puesto que me has dado la tierra del Neguev, dame también fuentes de aguas. El entonces le dio las fuentes de arriba, y las de abajo."*

Aunque en el cap. 10:39 dice que Josué había conquistado a Debir, y había matado todo lo que tenía vida, aparentemente los cananeos volvieron a ocuparla por no haber ejército que la guardase. Ahora vemos a Caleb volviendo a tomarla.

Esta ciudad estaba a diez millas al sur de Hebrón. Caleb alentó a sus hombres valientes a tomarla. Esto lo logró Otoniel, quien 26 años más tarde se convertiría en el primer juez de Israel a la muerte de Josué. (Jueces 3:7.)

Caleb le dio a su hija Acsa por mujer a Otoniel, su primo. Así Saúl prometió a su hija Merab al que destruyera al gigante Goliat. Caleb, con el ojo puesto en Otoniel, sin duda el pretendiente de la princesa. El le daría su hija a un hombre no sólo de valor, sino también a un hombre inteligente que amara la ciudad que iba a tomar.

La ciudad de Debir se llamaba "Quiarit-sefer", que significa: "La ciudad del saber". Parece que en esta ciudad los cananeos tenían una universidad, parecida a la de Atenas en Grecia.

Caleb le dio a su hija una valiosa heredad. Entonces ella le pidió agua para sus tierras, o lugares de manantiales, sin los cuales sus tierras no tendían mucho valor. El padre le concedió más tierras en las cuales había dos arroyos. Uno era alimentado por los montes, y el otro brotaba de la tierra.

Aquí aprendemos que los matrimonios unidos deben orar al Padre por las bendiciones espirituales, así como las materiales. Los pastores que han recibido su ministerio, también piden al Padre las fuentes de arriba del desarrollo espiritual de la congregación; así como las fuentes de abajo, la bendición material para los miembros; y el crecimiento de la congregación en número.

*Verso 20- 63: "Esta, pues, es la heredad de la tribu de los hijos de Judá por sus familias. Y fueron las ciudades de la tribu de Judá en el extremo sur, hacia la frontera de Edóm: Cabseel, Edar, Jagur, Cina, Dimona, Adad, Cedes, Hazor, Itanán, Zif, Sema, Molada, Hazar-gada, Hesmón, Bet-pelet, Hazar-sual, Beerseba, Bizotia, Baala, Iim. Esem, Etlolat, Quesil, Horma, Siclag, Madmana, Sansana, Lebaot, Silhim, Aín, y Rimón; por todas veintinueve ciudades con sus aldeas.*

*"En las llanuras, Estaol, Zora, Asena, Zanoa, Enganim, Tapúa, Enam, Jarmut, Adulán, co, Azeca, Saaraim, Aditaim, Gedera, y Gedorataim; catorce ciudades con sus aldeas Zenán, Hadasa, Migdal-gad, Dileán, Mizpa, Jocteel, Laquis,*

*Boscat, Eglón, Cabón, Lahmam, Quitis, Gederot, Bat-dagón, Naama, y Maceda,; dieciséis ciudades con sus aldeas.*

*"Libna, Eter, Asán, Jifta, Asena, Nezib, Keila, Aczib, y Maresa: nueve ciudades con sus aldeas. Ecrón con sus villas y sus aldeas. Desde Ecrón hasta el mar, todas las que están cerca de Asdod con sus aldeas. Asdod con sus villas y sus aldeas hasta el río de Egipto, y el Mar Grande con sus costas.*

*"En las montañas, Samir, Jatir, Soco, Dana, Quiriat-sana, (que es Debir); Anab, Estemoa, Aním, Gosén, Holón, y Gilo; once ciudades con sus aldeas.*

*"Arab, Duma, Esán, Janum, Bet-tapúa, Afeca, Humta, Quiriat-arba, (la cual es Hebrón), y Soir; nueve ciudades con sus aldeas. Maón, Carmel, Zif, Juta, Jezreel, Jocdean, Zanoa, Caín, Gaaba, y Timna, diez ciudades con sus aldeas.*

*"Halhul, Bet-sur, Gedor, Maarat, Bet-anot, y Eltrcón; seis ciudades con sus aldeas. Quierit-baal, (que es Quiarit-jearim) y Rabá; dos ciudades con sus aldeas.*

*"En el desierto, Bet-arabá, Midín, Secaca, Nibsán, la Ciudad de la Sal, y Engadi; seis ciudades con sus aldeas. Mas a los jebuseos que habitaban en Jerusalén, los hijos de Judá no pudieron arrojarlos; y ha quedado el jebuseo en Jerusalén con los hijos de Judá hasta hoy."*

En los versos del 21 al 32 se cuentan treinta y ocho ciudades, aunque se lee que sólo son veintinueve. Esto es porque nueve ciudades luego fueron dadas a la tribu de Simeón. Las contadas en los versos 33-36, son quince, aunque sólo se nombran 14, porque Gedera y Geredotaim, son una misma. Sin embargo entre las contadas no figura Belén porque tal vez era una de las aldeas.

Los hijos de Judá no pudieron echar de Jerusalén a los jebuseos, tal vez por pereza, o incredulidad. Sin embargo, esta ciudad iba a ser la capital de todos los reinos de Israel, la ciudad del Gran Rey.

Algunas de estas ciudades, son mencionadas en la historia de los problemas de David, cuando huía de Saúl. El desierto de Judá es mencionado mucho, y en él predicó Juan el Bautista 1480 años más tarde. La riqueza de esta tierra sin duda contestaron la bendición de Jacob a esta tribu; que lavarían su manto en vino. Y en general; "Judá, tu eres aquel a quien tus hermanos alabarán."

A Judá le tocaron 115 ciudades con sus villas y sus aldeas. 76,500 familias de los hijos de Judá las habitarían. Este era territorio suficiente, cuando las comparamos con las multitudes que llenan las ciudades modernas.

Capitulos 16-17

Nota: Los capítulos 16 y 17 hablan de la repartición de las tierras a los hijos de José, Efraín y Manases. En ellos nos dicen que ellos no echaron del todo a los cananeos, sino que los hicieron tributarios.

Capitulos 18-19

Lo que sobresale del capítulo 18 es que Dios escogió a Silo, en territorio de Efraín, para establecer el tabernáculo.

# JOSUE SEÑALA LAS CIUDADES DE REFUGIO

Capitulo # 20

VERSOS 1-6

ESTUDIE NUMEROS 35:9-28

*Habló Jehová a Josué diciendo: Habla a los hijos de Israel y diles: Señalaos las cuidades de refugio, de las cuales yo os hablé por medio de Moisés, para que se acoja allí el homicida que matare a alguno por accidente, no a sabiendas; y os servirán de refugio contra el vengador de la sangre.*

*"Y el que se acogiere a alguna de aquellas ciudades, se presentará a la puerta de la ciudad, y expondrá sus razones en oídos de los ancianos de aquella ciudad; y ellos le recibirán consigo dentro de la ciudad, y le darán lugar para que habite con ellos.*

*"Si el vengador de la sangre le siguiere, no entregarán en su mano al homicida, por cuanto hirió a su prójimo por accidente, y no tuvo con él ninguna enemistad antes, quedará en aquella ciudad hasta que comparezca en juicio delante de la congregación, y hasta la muerte del que fuere sumo sacerdote en aquel tiempo; entonces el homicida podrá volver a su ciudad y a su casa y a la ciudad de donde huyó"*

Este es el establecimiento de las ciudades prisiones, cuidadas por los levitas. Era prisión solamente para los que mataban por accidente. Los que mataban a su prójimo por maldad, eran apedreados, lo mismo que los ladrones, los muchachos malos, los adúlteros y los que violaban el sábado.

El homicida involuntario era protegido del vengador de la sangre, el familiar más cercano del muerto. Luego era llevado a juicio para determinar que fue sin culpa. Entonces le dictaban la sentencia. Debía quedar recluido en la ciudad, separado de su familia, hasta que muriera el sumo sacerdote. Así la humanidad entera estaba sin ciudad de refugio contra el diablo, hasta que murió Cristo y resucitó; para ser refugio del pecador.

Si el homicida se aventuraba a salir fuera de la ciudad, y le encontraba el vengador de la sangre, el vengador de la sangre le podía matar al homicida; y era sin culpa. Habían tres ciudades de refugio al este del Jordán; y tres al oeste del Jordán. El creyente no puede salir de Cristo sin encontrarse al diablo esperándole para destruirle.

*Verso 7-9: Entonces señalaron a Cedes en Galilea, en el monte de Neftalí. Siquem está en el monte de Efraín, y Quiarit-arba (que es Hebrón) en el monte de Judá. Y al otro lado del Jordán al oriente de Jericó, señalaron a Beser en el desierto, en la llanura de la tribu de Rubén, Ramot en Galaad, de la tribu de Gad, y a Golán en Basán de la tribu de Manasés.*

*"Estas fueron las ciudades señaladas para todos los hijos de Israel, y para el extranjero que morase entre ellos, para que se acogiese a ellas cualquiera que hiriese a alguno por accidente, a fin de que no muriese por mano del vengador de la sangre, hasta que compareciese delante de la congregación."*

Todas estas ciudades eran de levitas. Cada ciudad tiene un nombre simbólico. Cedes significa: Santo. Nuestro refugio, Cristo, es Santo. Siquem significa: Hombro. "Y el principado sobre su hombro."

Hebrón significa: Comunión. Los creyentes son llamados a tener comunión con Cristo. Beser significa: Fortaleza. Cristo es la fortaleza de todos los que confían en él. Ramot significa exaltado. Cristo fue exaltado al trono eterno. Golán significa: Gozo y triunfo. "Pues en él todos los santos son justificados y tienen gloria."

El mensaje de las seis ciudades de refugio es este: " Cristo, nuestro refugio es Santo. El tiene el principado sobre su Hombro. El creyente tiene Comunión con él. El es la fortaleza del creyente; el creyente ha sido exaltado, se ha convertido en un hijo de Dios. Cristo ha sido Exaltado al trono eterno. Y la Iglesia disfruta de su triunfo con gozo."

# CIUDADES DE LOS LEVITAS

Capitulo # 21

VERSOS 1-3

*Los jefes de los padres de los levitas vinieron al sacerdote Eleazar, a Josué hijo de Nun y a las cabezas de los padres de los hijos de Israel, y les hablaron en Silo en la tierra de Canaán,, diciendo: Jehová mandó por medio de Moisés que nos fuesen dadas ciudades donde habitar, con sus ejidos para nuestros ganados. Entonces los hijos de Israel dieron de su propia herencia a los levitas, conforme al mandato de Jehová, estas ciudades con sus ejidos."*

Los levitas presentaron su petición. Dios había dicho en Num. 35, que se le dieran ciudades con ejidos. Aún no se le habían dado. Así hay una herencia provista para los santos, ese real sacerdocio, pero ellos deben pedirla. "Pedid y recibiréis", dijo Cristo.

*Verso 4-5: "Y la suerte cayó sobre la familia de los coatitas; y los hijos de Aarón el sacerdote, que eran de los levitas, obtuvieron por suerte la tribu de Judá, de la tribu de Simeón y de la tribu de Benjamín, trece ciudades. Y los otros hijos de Coat obtuvieron por suerte diez ciudades de las familias de la tribu de Efraín, de la tribu de Dan y de la media tribu de Manasés."*

Dios ordenó que a la familia de Coat, de donde venía el sacerdote Aarón y la familia de sacerdotes, se le diera parte en Judá, Simeón y Benjamín, aunque Jerusalén no era una de sus ciudades. Esta debía ser rescatada por la espada de David 396 años más tarde, (1 Sam. 5.)

*Verso 6-8:* *"Los hijos de Gersón obtuvieron por suerte, de las familias de la tribu de Isacar, de la tribu de Aser, de la tribu de Neftalí, y de la media tribu de Manasés, en Basán, trece ciudades.*

*Los hijos de Merari según sus familias obtuvieron de la tribu de Rubén, de la tribu de Gad, y de la tribu de Zabulón, doce ciudades. Dieron, pues, los hijos de Israel a los levitas estas ciudades con sus ejidos, por suertes, como había mandado Jehová por conducto de Moisés."*

La familia de Aarón, quienes eran los únicos sacerdotes, obtuvieron trece ciudades en las tribus de Judá, Simeón y Benjamín. El Señor ordenó esto porque Jerusalén estaba cerca.

Los levitas coatitas, entre los cuales estaba la descendencia de Moisés, aunque nunca más se mencionaron, tuvieron las ciudades que están en la tribu de Dan, cerca de Judá, de Efraín de la media tribu de Manasés, y de Benjamín. Los descendientes Coat, el padre de Aarón, estuvieron cerca de los hijos de Aarón.

Aunque Gersón fue el hijo mayor de Leví, su descendencia no tuvo la preferencia, la cual le fue dada a la descendencia de Coat, su segundo hijo. Sin embargo los levitas gersonitas, fueron escogidos para habitar cerca de los coatitas. La descendencia de los levitas de Merari tuvieron su herencia en las tribus más lejanas.

*Verso 9-13:* *"Dieron, pues, los hijos de Judá, y de la tribu de los hijos de Simeón, dieron estas ciudades que fueron nombradas, las cuales obtuvieron los hijos de Aarón de las familias de Coat, de los hijos de Leví; porque para ellos fue la suerte en primer lugar.*

*"Le dieron a Quiarit-arba del padre de Anca, la cual es Hebrón, en el monte de Judá, con sus ejidos y sus contornos. Mas el campo de la ciudad y sus aldeas dieron a Caleb hijo de Jefone, por posesión suya.*

*"Y a los hijos del sacerdote Aarón dieron Hebrón con sus ejidos como ciudad de refugio para los homicidas; además, Libna con sus ejidos, Jatir con sus ejidos, Estemoa con sus ejidos, Holón con sus ejidos, Debir con sus ejidos, Aín con sus ejidos, Juta con sus ejidos y Bet-semes con sus ejidos; nueve ciudades de estas dos tribus.*

*"Y de la tribu de Benjamín, Gabaón con sus ejidos, Geba con sus ejidos, Anatot con sus ejidos, Almón con sus ejidos; cuatro ciudades. Todas las ciudades de los sacerdotes hijos de Aarón son trece con sus ejidos.*

Note que se le dieron ciudades a los levitas, trece a los sacerdotes descendientes de Aarón. Alrededor de la ciudad se le daban mil codos, 450 metros para corrales, y dos mil codos, 900 metros, para pastos. No se le daba más tierra a ninguno de los levitas para que no se ocuparan de trabajos en agricultura, sino en ministrar la Palabra de Dios a los demás israelitas. Ellos debían comer del altar, si servían al altar.

Los israelitas que desearan vivir en las ciudades de los levitas, debían rentarle casas. Note que Dios no le permitió a los levitas vivir todos juntos, sino que los esparció entre las tribus como ministros

Cada tribu de Israel era adornada y enriquecida con su parte de levitas, aunque viviera en los lugares más remotos. Los levitas eran los que recibían lo que el pueblo entregaba a Dios en agradecimiento por los beneficios recibidos. El trabajo de los levitas era el de instruir al pueblo en el conocimiento de Dios.

Caleb recibió el monte Hebrón, pero la ciudad de Quiarit-arba, la ciudad principal, fue declarada ciudad de refugio, y entregada a los sacerdotes levitas. Caleb tuvo las aldeas y el territorio.

*Verso 20-26: "Mas las familias de los hijos de Coat, levitas, los que quedaban de los hijos de Coat, recibieron por suerte ciudades de la tribu de Efraín. Les dieron Siquem con sus ejidos, como ciudad de refugio, en el monte de Efraín, como ciudad de refugio para los homicidas; además Gezer con sus ejidos, Kisbaim con sus ejidos, y Bet-horón con sus ejidos; cuatro ciudades.*

*"De la tribu de Dan, Elteque con sus ejidos, Gibetón con sus ejidos, Ajalón con sus ejidos, y Gat con sus ejidos; cuatro ciudades. Y de la media tribu de Manasés, Taanac con sus ejidos, y Gat-rimón con sus ejidos; dos ciudades. Todas las ciudades del resto de los hijos de Coat fueron diez con sus ejidos."*

A la familia de Coat, incluyendo a las de los sacerdotes, se le dieron 23 ciudades.

*Verso 27-33: "A los hijos de Gersón de las familias de los levitas, dieron de la media tribu de Manasés a Golán en Basán con sus ejidos como ciudad de refugio para los homicidas, y además, Beestera; dos ciudades.*

*"De la tribu de Isacar, Cisón con sus ejidos, Daberat con sus ejidos, Jarmut, con sus ejidos y En-ganim con sus ejidos; cuatro ciudades.*

*"De la tribu de Aser. Miseal con sus ejidos, Abdón con sus ejidos, Helcat con sus ejidos, y Rehob con sus ejidos; cuatro ciudades. Y de la tribu de Neftalí, Cedes en Galilea con sus ejidos, como ciudad de refugio para los homicidas, y además Hamot-dos con sus ejidos, y Cartán con sus ejidos; tres ciudades. Todas las ciudades de los gersonitas por sus familias fueron trece ciudades.*

*"Y las familias de los hijos de Merari, levitas que quedaban, se les dio de la tribu de Zabulón, Jocnean con sus ejidos, Carta con sus ejidos, Dimna con sus ejidos, Y Naalal con sus ejidos; cuatro ciudades.*

*"Y de la tribu de Rubén, Beser con sus ejidos, Jahaza con sus ejidos, Cademot con sus ejidos y Mefat con sus ejidos; cuatro ciudades."*

Beser es también ciudad de refugio para los homicidas.

*"Y de la tribu de Gad, Ramot de Galaad con sus ejidos como ciudad de refugio para los homicidas; además Mahanaim con sus ejidos, Hesbón con sus ejidos, y Hazer con sus ejidos; cuatro ciudades.*

*"Todas las ciudades de los hijos de Merari por sus familias, que restaba de las familias de los levitas, fueron por sus suertes doce ciudades. Y todas las ciudades de los levitas en medio de la posesión de los hijos de Israel, fueron cuarenta y ocho ciudades con sus ejidos.*

*"Y estas ciudades estaban apartadas la una de la otra, cada cual con sus ejidos alrededor de ella; así fue con todas las ciudades."*

Algunas de estas ciudades fueron famosas más tarde por otras razones. Hebrón fue la ciudad donde David comenzó su reinado y Mahanaim fue la ciudad donde Absalón estableció su reino contra el de su padre David. En Siquem se levantó Abimelec, el hijo de Gedeón el primer israelita que se llamó a sí mismo rey.

Las ciudades de refugio eran prisiones donde los levitas guardaban a los prisioneros. Todos los que estaban allí esperaban ansiosos la muerte del sumo sacerdote para salir del cautiverio y regresar a su familia. Así la raza humana cautiva por el diablo, debió esperar la muerte del Sumo Sacerdote Cristo, para poder ser libertada de su cautiverio.

*Verso 43-45: "De esta manera dio Jehová a Israel toda la tierra que había jurado a sus padres, y la poseyeron y habitaron en ella. Y Jehová dio reposo alrededor, conforme a todo lo que había jurado a sus padres; y ninguno de todos sus enemigos pudo hacerles frente, porque Jehová entregó en sus manos a todos sus enemigos.*

*"No faltó palabra de todas las buenas promesas que Jehová había hecho a la casa de Israel; todo se cumplió."*

Dios había prometido darle a la simiente de Abraham la tierra de Canaán, y ya lo había cumplido. Aunque muchas veces ellos perdieron la bendición de la promesa, al fin la habían recibido.

No había hombre que le hiciera frente a Israel. Dios le había prometido victoria en todas sus batallas, ya lo habían logrado. Y si quedaban cananeos en Canaán se debía a la pereza, al descuido y a la incredulidad. También como castigo por su inclinación a la idolatría y a las abominaciones de los paganos, a quienes el Señor hubiera echado, pero que ellos cobijaron y protegieron.

La inviolable verdad de las promesas de Dios y su cumplimiento completo, es por lo que los santos están listos a dar testimonio; y si algo ha faltado de ellas, los santos están listos a echarse la culpa ellos mismos por ello.

# EL ALTAR JUNTO AL JORDAN

Capitulo # 22

VERSOS 1-6

*Entonces llamó Josué a los rubenitas, a los gaditas, y a la media tribu de Manasés, y les dijo: Vosotros habéis guardado todo lo que Moisés siervo de Jehová os mandó, y habéis obedecido mi voz en todo lo que os he mandado.*

*"No habéis dejado a vuestros hermanos en este largo tiempo hasta el día de hoy, sino que os habéis cuidado de guardar los mandamientos de Jehová vuestro Dios. Ahora, pues, que Jehová vuestro Dios ha dado reposo a vuestros hermanos, como lo había prometido, volved, regresad a vuestras tienda, a vuestras posesiones que Moisés siervo de Jehová os dio al otro lado del Jordán.*

*"Solamente que con diligencia cuidéis de cumplir el mandamiento y la ley que Moisés siervo de Jehová os ordenó: que améis a Jehová vuestro Dios, y andéis en todos sus caminos; que guardéis sus mandamientos y le sirváis de todo vuestro corazón y de toda vuestra alma. Y bendiciéndolos, Josué los despidió, y se fueron a sus tiendas."*

Habiendo concluido la guerra, Josué, como un general prudente, desbanda su ejército. Nunca había sido el designio de ellos la carrera militar, sino la agricultura junto a sus familias. Ya hacía siete años que los rubenitas, los gaditas y la media tribu de Manasés habían dejado sus familias para ayudar a conquistar las tierras para las nueve tribus y media en Canaán. Claro que de tiempo en tiempo les visitaban y pasaban con ellos el invierno.

Ya el tabernáculo estaba en Silo. Este era el cuartel general de Israel. Josué les dio la bendición y el consejo de no apartarse del mandamiento de Dios.

*Verso 7- "También a la media tribu de Manasés había dado Moisés posesión en Basán; mas a la otra mitad dio Josué heredad entre sus hermanos a este lado del Jordán, al occidente; y también a éstos envió Josué a sus tiendas, después de haberlos bendecido.*

*"Y les habló diciendo: Volved a vuestras tiendas con grandes riquezas, con mucho ganado, con plata, oro, y bronce, y muchos vestidos: compartid con vuestros hermanos el botín de vuestros enemigos.*

*"Así los hijos de Rubén y los hijos de Gad, y la media tribu de Manasés. Se volvieron separándose de los hijos de Israel, desde Silo, que está en tierra de Canaán, para ir a la tierra de Galaad, a la tierra de sus posesiones, de la cual se habían posesionado conforme al mandato de Jehová por conducto de Moisés."*

Josué despidió a los tres bandos, con las riquezas de los despojos que habían obtenido de los enemigos que habían ayudado a echar de Canaán, con la orden de compartir con los que se quedaron en sus tierras cuidando y trabajando en sus posesiones. Tanto el que iba a la guerra, como el que se quedaba protegiendo la tierra adquirida, recibían su parte del botín.

*Verso 10: "Y llegando a los límites del Jordán que está en tierra de Canaán, los hijos de Rubén, y los hijos de Gad, y la media tribu de Manasés edificaron allí un altar junto a Jordán, un altar de grande apariencia."*

Aquí tenemos el piadoso cuidado de estas tribus separadas por mantener su contacto con la religión de Canaán, aunque tuvieran que abandonarla. Ellos no querían ser como hijos de extraños, separados del pueblo de Dios. Por eso decidieron hacer un gran altar a orillas del Jordán.

Este altar era en honor a ellos mismos. Ellos lo hicieron al lado del Jordán, y lo hicieron bien alto para poder ver el Tabernáculo que estaba en Silo. Aunque este altar había sido hecho honestamente, con la mejor intención, fue hecho sin consultar a Jehová, porque lo que iba a ser un tropezadero al resto de las tribus.

*"Verso 11-20: "Y los hijos de Israel oyeron decir que los hijos de Rubén, y los hijos de Gad y la media tribu de Manasés habían edificado un altar frente a la tierra de Canaán, en los límites del Jordán, del lado de los hijos de Israel.*

*"Cuando oyeron esto los hijos de Israel, se juntó toda la congregación de los hijos de Israel en Silo, para subir a pelear contra ellos. Y enviaron los hijos de Israel a los hijos de Rubén, a los hijos de Gad y a la media tribu de Manasés, en tierra de Galaad, a Fines hijo del sacerdote Eleazar, y a diez príncipes por cada casa paterna de todas las tribus de Israel, cada uno de los cuales era jefe de la casa de sus padres entre los millares de Israel.*

*"Los cuales fueron a los hijos de Rubén, a los hijos de Gad y a la media tribu de Manasés, en la tierra de Galaad, y les hablaron, diciendo: Toda la congregación de Jehová dice así: ¿Qué transgresión es esta con que prevaricáis contra el Dios de Israel para apartaros hoy de seguir a Jehová, edificándoos altar para ser rebeldes contra Jehová?*

*"¿No ha sido bastante la maldad de Peor, de la que no estamos aún limpios hasta el día de hoy, por la cual vino la mortandad en la congregación de Jehová, para que vosotros os apartéis hoy de seguir a Jehová? Vosotros os rebeláis hoy contra Jehová, y mañana se airará él contra toda la congregación de Israel.*

*"Si os parece que la tierra de vuestra posesión es inmunda, pasaos a la tierra de la posesión de Jehová, en la cual está el tabernáculo de Jehová, y tomad posesión entre nosotros; pero no os rebeléis contra nosotros, edificándoos altar además del altar de Jehová nuestro Dios.*

*"No cometió Acán hijo de Zera prevaricación en el anatema, y vino ira sobre toda la congregación de Israel? Y que aquel hombre no pereció solo en su iniquidad."*

Note el celo santo de las tribus por el honor de Dios y su altar en Silo. Estas dos tribus y media, conociendo lo estricto y severo de la ley de Dios, se hicieron por su cuenta un altar para Dios. Dios había ordenado que no se ofrecieran sacrificios sino solamente en el lugar que él escogiera, (Deut.12:5-7.)

La construcción de esta altar, sin el permiso divino, fue tomado como un altar para adorar a otro dios. Las sospechas hicieron que Fines, el heredero del sumo sacerdocio fuera a ellos con diez príncipes a reclamarles. El pueblo, acostumbrado ya a la guerra, estaba dispuesto a ir a extirpar la parte que tenía gangrena. Aunque ellos habían peleado junto a ellos; si estaban sirviendo a otro dios, había que destruirlos.

Entonces El Señor dio su parecer, enviando a los diplomáticos y embajadores a ver las causas de este problema. Ellos fueron prontamente y hablaron con las dos tribus y media recordándoles el pecado de Peor, donde murieron 24 mil a causa de las mujeres moabitas, y más recientemente, el pecado de Acán, donde no murió él solo, sino 29 hombres, en la derrota de Hai.

*Versos 21-29: "Entonces los hijos de Rubén, y los hijos de Gad, y la media tribu de Manasés respondieron y dijeron a los cabezas de los millares de Israel: Jehová Dios de los dioses; él sabe, y hace saber a Israel si fue por rebelión o por prevaricación contra Jehová, no nos salve hoy.*

*"Si hemos edificado altar para volvernos de en pos de Jehová, o para sacrificar holocausto u ofrendas de paz, el mismo Jehová nos lo demande. Lo hicimos mas bien por temor de que mañana vuestros hijos digan a nuestros hijos: ¿Qué tenéis vosotros con Jehová Dios de Israel?*

*"Jehová ha puesto por lindero el Jordán entre nosotros y vosotros, oh hijos de Rubén e hijos de Gad; no tenéis parte en Jehová; y así vuestros hijos harían que nuestros hijos dejasen de temer a Jehová.*

*Por esto dijimos: Edifiquemos ahora un altar, no para holocausto ni para sacrificio, sino para que sea un testimonio entre nosotros y vosotros, y entre los que vendrán después de nosotros, de que podemos hacer el servicio de Jehová delante de él con nuestros holocaustos, con nuestros sacrificios, y con nuestras ofrendas de paz; y no digan mañana vuestros hijos a los nuestros: Vosotros no tenéis parte con Jehová.*

*"Nosotros, pues, dijimos: Si aconteciere que tal digan a nosotros, o a nuestras generaciones en lo por venir, entonces responderemos: Mirad el símil del altar de Jehová, el cual*

*hicieron nuestros padres, no para holocaustos ni sacrificios, sino para que fuese testimonio entre nosotros y vosotros.*

*"Nunca tal acontezca que nos rebelemos contra Jehová, o que nos apartemos hoy de seguir a Jehová. edificando altar para holocaustos, para ofrenda o para sacrificio, además del altar de Jehová nuestro Dios que está delante de su tabernáculo."*

Se había reunido una gran audiencia para escuchar a los embajadores, tal vez los militares aún no se habían retirado a sus posesiones. Ellos, con sinceridad les explicaron los motivos por los cuales habían hecho el altar. Su propósito era para que sirviera de monumento, de recordatorio a las generaciones futuras que aquellas tribus que moraban al este del Jordán, formaban parte de Israel. Ellos pusieron a Dios como testigo de sus intenciones sanas. No, ellos nunca se rebelarían contra Dios.

*Verso 30-34: "Oyendo Fines el sacerdote y los príncipes de la congregación, y los jefes de millares de Israel que con él estaban, las palabras que hablaron los hijos de Rubén, los hijos de Gad y los hijos de Manasés, les pareció bien todo ello.*

*"Y dijo Fines hijo del sacerdote Eleazar a los hijos de Rubén, a los hijos de Gad y a los hijos de Manasés: Hoy hemos entendido que Jehová está entre nosotros, pues no habéis intentado esta traición contra Jehová. Ahora habéis librado a los hijos de Israel de la mano de Jehová.*

*"Y Fines hijo del sacerdote Eleazar, y los príncipes, dejaron a los hijos de Rubén, y a los hijos de Gad, y regresaron de la tierra de Galaad a la tierra de Canaán, a los hijos de Israel, a los cuales dieron la respuesta. Y el asunto pareció bien a los hijos de Israel, y bendijeron a Dios los hijos de Israel; y no*

*hablaron más de subir contra ellos en guerra, para destruir la tierra en que habitaban los hijos de Rubén y los hijos de Gad.*

*"Y los hijos de Rubén y los hijos de Gad pusieron por nombre al altar Ed; porque testimonio es entre nosotros que Jehová es Dios."*

Aquí tenemos el final feliz de esta controversia a causa de un mal entendido. Si el centro del mismo no hubiera sido Dios, tal vez hubiera habido malas consecuencias.

Las guerras religiosas han sido las más feroces y difíciles de aplacar, pero en este caso, cuando todos tuvieron la oportunidad de exponer sus quejas, quedaron en paz. Los embajadores quedaron conformes con la explicación de los motivos por el cual habían levantado el altar. Ellos le pusieron el nombre de Ed, o Testimonio.

# EXHORTACION DE JOSUE AL PUEBLO

Capitulo # 23

VERSOS 1-10

*Aconteció, muchos días después que Jehová diera reposo a Israel de todos sus enemigos alrededor, que siendo ya Josué viejo y entrado en años, llamó a todo Israel, a sus ancianos, sus príncipes, sus jueces y sus oficiales, y les dijo: Yo ya soy viejo y avanzado en años.*

*"Y vosotros habéis visto todo lo que Jehová vuestro Dios ha hecho con todas estas naciones por vuestra causa; porque Jehová vuestro Dios ha peleado por vosotros. He aquí os he repartido por suerte, en herencia para vuestras tribus, estas naciones, así las destruidas como las que quedan, desde el Jordán hasta el Mar Grande, hacia donde se pone el sol.*

*"Jehová vuestro Dios las echará de delante de vosotros, y las arrojará de vuestra presencia; y vosotros poseeréis sus tierras, como Jehová vuestro Dios ha dicho. Esforzaos, pues, mucho en guardar y hacer todo lo que está escrito en el libro de la ley de Moisés, sin apartaros de ello ni a diestra ni a siniestra.*

*"Para que no os mezcléis con estas naciones que han quedado con vosotros, ni hagáis mención ni juréis por sus dioses, ni le sirváis, ni os inclinéis a ellos. Mas a Jehová vuestro Dios seguiréis, como habéis hecho hasta hoy. Pues ha arrojado Jehová delante de vosotros grandes y fuertes naciones, y hasta hoy nadie ha podido resistir delante de vuestro rostro.*

*"Un varón de vosotros perseguirá a mil, porque Jehová vuestro Dios es quien pelea por vosotros, como él os dijo."*

Habían pasado 24 años desde la entrada de Israel a Canaán. Ya Josué estaba viejo; tenía 109 años. Josué vivía en Timnat-sera, pero esta reunión tuvo lugar en Silo. Allí acudieron los varones a adorar a Jehová. Todavía quedaban tribus paganas sin derrotar, como Jehová les había dicho. Jehová les dijo que no las echaría todas de una vez para que no se aumentaran las fieras.

Josué reconoció que ya estaba viejo, por lo tanto tenía más experiencia que ellos. Ellos debían seguir sus consejos para que les fuera bien en la tierra. Sin embargo les avisa que no deben descuidar los mandamientos y estatutos de la Palabra de Dios, para que les vaya bien.

El les dice que ni nombren el nombre de los ídolos de las naciones paganas. Es triste ver que entre los creyentes, haya algunos que le pongan el nombre de los dioses paganos a sus hijos. Esos nombres deben ser olvidados y aborrecidos.

*Versos 11-16: "Guardad, pues, con diligencia vuestras almas, para que améis a Jehová vuestro Dios. Porque si os apartareis, y os uniereis a lo que resta de estas naciones que han quedado con vosotros, y si concertareis con ellas matrimonios, mezclandoos con ellas, y ellas con vosotros, Sabed que Jehová vuestro Dios no arrojará más a estas naciones delante de vosotros, sino que os serán por lazo, por tropiezo, por azote para vuestros costados y por espinas para vuestros ojos, hasta que perezcáis de este buena tierra que Jehová, vuestro Dios os ha dado.*

*"Y he aquí que yo estoy para entrar hoy por el camino de toda la tierra; reconoced, pues, con todo vuestro corazón y con toda vuestra alma, que no ha faltado una palabra de todas las buenas palabras que Jehová vuestro Dios había dicho de vosotros; todas os han acontecido, no ha faltado ninguna de ellas.*

*"Pero así como ha venido sobre vosotros toda palabra buena que Jehová vuestro Dios os había dicho, También traerá Jehová sobre vosotros toda palabra mala, hasta destruiros de sobre la buena tierra que Jehová vuestro Dios os ha dado, si traspasareis el pacto de Jehová vuestro Dios, que él os ha mandado, yendo y honrando a dioses ajenos, e inclinándoos a ellos. Entonces la ira de Jehová se encenderá contra vosotros, y pereceréis prontamente de esta buena tierra que él os ha dado."*

Josué les aconsejó tener cuidado de sus almas, para que sus corazones no se contaminaran con el pecado, ni las costumbres de las otras naciones. Para esto debían estar siempre empleados en el servicio a Dios. El les recordó que ya iba a morir. La muerte es un largo viaje de regreso al hogar; un viaje que hemos de dar tarde o temprano. Ni aún Josué fue librado de esto. El le dijo: A mí no me tendréis siempre, pero si se agarran de Dios, él siempre estará con ustedes.

El les aconsejó que no se unieran con la gente pagana para que no fueran tropiezo a su fe en el Dios del pacto, porque si se contaminaban con los ídolos les iban a venir las maldiciones del pacto. (Deut. 28:15+). Siempre que un creyente se desvía del camino y de los mandamientos del Señor, paga las consecuencias. Cuando se une en yugo desigual con los incrédulos, éstos se vuelven azote para sus costados y espinas para sus ojos.

Los palestinos del día presente son verdaderos azotes para los israelitas y espinas para sus ojos.

# DISCURSO DE DESPEDIDA DE JOSUE

Capitulo # 24

VERSOS 1-4

*Reunió Josué a todas las tribus de Israel en Siquem, y llamó a los ancianos de Israel, sus príncipes, sus jueces y sus oficiales; y se presentaron delante de Dios. Y dijo Josué a todo el pueblo: Así dice Jehová, Dios de Israel: Vuestros padres habitaron antiguamente al otro lado del río, esto es, Taré, padre de Abraham y de Nacor; y servían a dioses extraños.*

*"Y yo tomé a vuestro padre Abraham del otro lado del río, y lo traje por toda la tierra de Canaán, y aumenté su descendencia, y le di a Isaac. A Isaac di Jacob y Esaú. Y a Esaú di el monte Seir, para que lo poseyese, pero Jacob y sus hijos descendieron a Egipto."*

Los ancianos, los príncipes y los jueces del Israel fueron llamados a una asamblea en Siquem, una de las ciudades de refugio de Manasés. Josué ordenó que el arca del pacto fuera traída por los sacerdotes a Siquem que está a diez millas de Silo.

Josué era un profeta de Jehová, a través de quien había de hablar al pueblo, como lo hacía con Moisés. Note que es Jehová quien habla. El dice que trajo a Abraham de Ur de los Caldeos, y que sus antepasados adoraban los ídolos.

Abraham, el amigo de Dios, fue criado en medio de la idolatría hasta que Dios lo arrebató de en medio de ella. Que los israelitas recuerden de la roca de la que fueron sacados milagrosamente, para que no vuelvan a caer en la idolatría.

Después de darles una corta explicación del cuidado que le dio a Esaú, les recuerda que sólo Jacob descendió a Egipto con sus hijos. Sus tratos son con la descendencia de Jacob, que es Israel. El le dio el territorio de Seir a Esaú para reservar a Canaán para la descendencia de Jacob.

*Verso 5-14: "Y yo envié a Moisés y a Aarón, y herí a Egipto, conforme a lo que hice en medio de él, y después os saqué. Saqué a vuestros padres de Egipto, y cuando llegaron al mar, los egipcios siguieron a vuestros padres hasta el Mar Rojo con carros y caballos.*

*"Y cuando ellos clamaron a Jehová, él puso oscuridad entre vosotros y los egipcios, e hizo venir sobre ellos el mar, el cual los cubrió; y vuestros ojos vieron lo que hice en Egipto. Después estuvisteis muchos días en el desierto.*

*"Yo os introduje en la tierra de los amorreos, que habitaba al otro lado del Jordán, los cuales pelearon contra vosotros; mas yo los entregué en vuestras manos, y poseísteis su tierra, y los destruí de delante de vosotros. Después se levantó Balaac hijo de Zipor, rey de los moabitas, y peleó contra Israel; y envió a llamar a Balaam*

*hijo de Beor, para que os maldijese. Mas yo no quise escuchar a Balaam, por lo cual os bendijo repetidamente, y os libré de sus manos.*

*"Pasasteis el Jordán y vinisteis a Jericó, y los moradores de Jericó pelearon contra vosotros; los amorreos, ferezeos, cananeos, heteos, gergeseos, heveos, y jebuseos, y yo los entregué en vuestras manos.*

*"Y envié delante de vosotros tábanos, los cuales los arrojaron de delante de vosotros, esto es, a los dos reyes amorreos; no con tu espada ni con tu arco. Y os di la tierra por la cual nada trabajasteis, y las ciudades que no edificasteis, en las cuales moráis; y de las viñas y olivares que no plantasteis, coméis. Ahora, pues, temed a Jehová, y servidle con integridad y en verdad; y quitad de entre vosotros los dioses a quienes sirvieron vuestros padres al otro lado del río, y en Egipto; y servid a Jehová."*

Después de darle la historia de las batallas de Dios contra todos los enemigos de Israel en Egipto, el Señor pasa a contarle los medios por los cuales peleó contra los enemigos de Israel en el este y el oeste del Jordán.

Note que fue Dios quien peleó por los israelitas. El fue quien envió tábanos, esas moscas de caballo, que con cada picada introducen un gusano dentro de la piel. La picada es muy dolorosa, y mientras el gusano se va desarrollando y creciendo dentro de la piel, ésta se va hinchando parecida a un tumor.

Esta terrible plaga de moscas apareció primero en la guerra contra Sehón y Og, los dos reyes amorreos al este del Jordán. Los tábanos le hicieron más daño a los amorreos que la artillería de Israel. La aplicación de la misericordia de Dios a ellos es por medio de la exhortación a temer y servir a Dios con gratitud por los favores concedidos a los padres, y para que continúen con ellos.

Ellos deben reverencia a Dios por su poder infinito y por su bondad. Deben temer ofender a Dios y mantenerse con el temor de desagradarle. Así también el temor de ofender a Dios, a quien ama tanto, detiene al creyente de hacer lo que a él no le agrada. La persona que no tiene temor al Señor, cree que puede jugar con Dios y tratar de manipularlo como hacía con sus padres terrenales.

Es necesario estudiar el Antiguo Testamento para ver como Dios trataba a los desobedientes. También a ver como trataba a los paganos con quienes no tenía pactos. Esto nos hará apreciar más el trabajo de Cristo por nosotros, y el pacto en su sangre, en que entramos al nacer de nuevo por aceptarle como Salvador y someternos a su Señorío.

*Verso 15: "Y si mal os parece servir a Jehová, escogeos hoy a quien sirváis; si a los dioses a quienes sirvieron vuestros padres, cuando estuvieron al otro lado del río, o a los dioses de los amorreos en cuya tierra habitáis; pero yo y mi casa serviremos a Jehová."*

Nunca antes había habido tanto éxito en un tratado. El problema era el de servir a Jehová voluntariamente. Josué celebra unas elecciones. De un lado está Jehová; del otro los dioses que sirvieron los padres en Egipto y en Ur de los caldeos. El pueblo debe escoger a quien servirán. Josué y su casa escogen servir a Jehová.

*Verso 16-18: "Entonces el pueblo respondió y dijo: Nunca tal acontezca, que dejemos a Jehová para servir a otros dioses; porque Jehová nuestro Dios es el que nos sacó a nosotros y a nuestros padres de la tierra de Egipto, de la casa de servidumbre; el que ha hecho estas grandes señales, y nos ha guardado por todo el camino por donde hemos andado, y en todos los pueblos por entre los cuales pasamos.*

*"Y Jehová arrojó de delante de nosotros a todos los pueblos, y al amorreo que habitaba en la tierra; Nosotros, pues, también serviremos a Jehová, porque él es nuestro Dios."*

Influenciados por el venerable anciano que los había dirigido estos veinticuatro años, y pensando en el gran líder Moisés, quien los había gobernado por cuarenta, el pueblo da su voto. "Nosotros también serviremos a Jehová, porque El es nuestro Dios."

*Verso 19-20: "Entonces Josué dijo al pueblo: No podréis servir a Jehová, porque él es Dios santo, y Dios celoso; no sufrirá vuestras rebeliones y vuestros pecados. Si dejareis a Jehová y sirviereis a dioses ajenos, él se volverá y os hará mal, y os consumirá, después que os ha hecho bien."*

Josué pone ante Israel las dificultades de la religión de Jehová. "El es los dioses santos", dice en hebreo, refiriéndose a la santísima Trinidad; Santo Padre, Santo Hijo, Santo Espíritu. Josué no quiere descorazonar a ninguno, ni meterle miedo para que no sirvan a un Dios peligroso. El sólo trata de hacerle ver el peligro de dejarse seducir por personas que quieran llevarlos a adorar otros dioses.

*Verso 21-24: "El pueblo entonces dijo a Josué: No, sino que a Jehová serviremos. Y Josué respondió al pueblo: Vosotros sois testigos contra vosotros mismos, de que habéis elegido a Jehová para servirle. Y ellos respondieron: Testigos somos. Quitad, pues, ahora los dioses ajenos que están entre vosotros, e inclinad vuestro corazón a Jehová Dios de Israel. Y el pueblo respondió a Josué: A Jehová nuestro Dios serviremos, y a su voz obedeceremos."*

Los israelitas resuelven servir a Jehová. Entonces Josué les ordena quitar todas las imágenes o reliquias que les recuerden a los dioses. Aparentemente algunos tenían con ellos ornamentos de oro y plata con figuras de dioses traídas de Egipto.

Así el creyente debe desechar todo amuleto, ornamento, o alguna cosa que le de honra o recuerdo de otros dioses. Hay muchas alhajas que tienen símbolos que los creyentes desconocen, como la estrella de cinco puntas en un círculo, que es símbolo de las brujas; el cuerno, la cruz ansata, que es una cruz con un círculo en la parte de arriba, el ojo de Osiris, medallas y muchas cosas más.

*Verso 25-28: "Entonces Josué hizo pacto con el pueblo el mismo día, y les dio estatutos y leyes en Siquem. Y escribió Josué estas palabras en el libro de la ley de Dios; y tomando una gran piedra, la levantó allí debajo de la encina que estaba junto al santuario de Jehová.*

*"Y dijo Josué a todo el pueblo: He aquí esta piedra nos servirá de testimonio, porque ella ha oído todas las palabras que Jehová nos ha hablado; será, pues, testigo contra vosotros, para que no mintáis contra vuestro Dios. Y envió al pueblo, cada uno a su posesión."*

Josué hizo un pacto con el pueblo. El pueblo se comprometía solemnemente seguir a Jehová, y jurado no envolverse en la idolatría. Josué puso una piedra debajo de un gran árbol, como testimonio del pacto hecho aquel día. Este pacto estaba basado en el pacto de sangre de Abraham, como todos los que se hicieron después. El pueblo de Israel se comprometía una vez más con el Dios de Israel.

*Verso 29-30: "Después de estas cosas murió Josué hijo de Nun, siervo de Jehová, siendo de ciento diez años. Y le sepultaron en su heredad en Timnat-sera, que está en le monte de Efraín, al norte del monte Gaas.*

*"Y sirvió Israel a Jehová todo el tiempo de Josué, y todo el tiempo de los ancianos que sobrevivieron a Josué, y que sabían todas las obras que Jehová había hecho por Israel.*

Cumplida la tarea recibida de Dios, en establecer al pueblo en la tierra de Canaán, Dios recogió a su siervo en paz. El tenía 110 años. El Señor recoge a los suyos cuando han cumplido la tarea encomendada. Ni el mundo, ni el diablo pueden echarlos antes de tiempo.

El pueblo continuó fiel a Jehová gobernados por los ancianos que sobrevivieron a Josué, siendo sumo sacerdote, el príncipe Eleazar. Enterraron a Josué en su heredad en el monte de Efraín.

*Verso 32:* *"Y enterraron en Siquem los huesos de José, que los hijos de Israel habían traído de Egipto, en la parte del campo que Jacob compró de los hijos de Hamor padre de Siquem, por cien piezas de dinero, y fue posesión de los hijos de José."*

Tal vez la reunión del pueblo en Siquem fue para el entierro de los huesos de José. Los israelitas los habían estado cargando como su Biblia, desde hacían 211 años. A él lo enterraron en Siquem, una ciudad de sacerdotes en tierra de Manasés. Jacob había comprado la tierra a Hamor, padre de Siquem, por cien monedas, 315 años antes, y había edificado allí un altar al Dios de Israel. (Gen. 33:19). Para saber quien era Siquem, estudie Génesis 34.

*Verso 33:* *"También murió Eleazar hijo de Aarón, y lo enterraron en el collado de Finees su hijo, que le fue dado en el monte de Efraín."*

Este libro que comenzó con triunfos, terminó con funerales. El monte Gaas es conocido como el monte de los temblores. Así también, en la muerte de nuestro Josué, Jesús, la tierra tembló. No se menciona nada acerca de días de luto por Josué, como lo hicieron con la muerte de Aarón y de Moisés.

Esto es simbólico, porque bajo la ley, cuando no había salido a la luz la vida y la inmortalidad, tenían razón para lamentarse y guardar luto, pero ahora que Josué, nuestro Jesús ha abierto el reino de los cielos, hay razón para regocijarse y alegrarse.

Mientras Josué vivió, el pueblo se mantuvo fiel al Dios del pacto, pero enseguida que él y sus contemporáneos murieron, el fervor religioso comenzó a decaer en la nueva generación. Es un gran privilegio para la Iglesia, que Jesús, nuestro Josué, estará con nosotros hasta el fin del mundo.

Made in the USA
Charleston, SC
16 October 2012